「不法占拠」を生きる人びとの生活誌

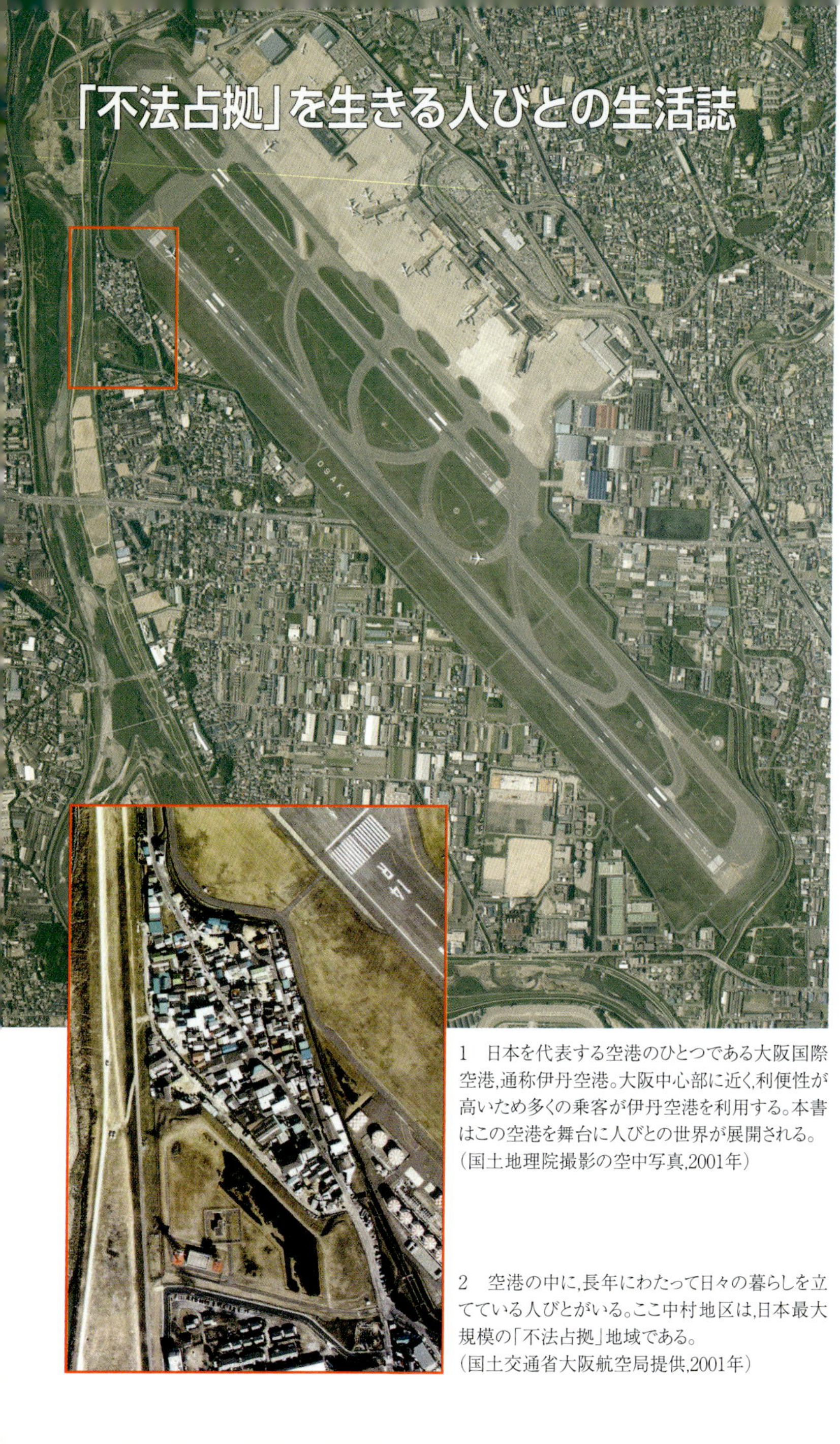

1　日本を代表する空港のひとつである大阪国際空港,通称伊丹空港。大阪中心部に近く,利便性が高いため多くの乗客が伊丹空港を利用する。本書はこの空港を舞台に人びとの世界が展開される。
(国土地理院撮影の空中写真,2001年)

2　空港の中に,長年にわたって日々の暮らしを立てている人びとがいる。ここ中村地区は,日本最大規模の「不法占拠」地域である。
(国土交通省大阪航空局提供,2001年)

3　爆音を轟かせながら飛行機が離陸する。そのあいだ会話が途切れ，お互いじっと目をあわせたまま，固まる。しかし飛行機が飛び去ると，何事もなかったかのように会話が続けられていく。空港と騒音は人びとの暮らしに埋め込まれた日常の一コマなのである。（2004年4月）

4　「飛行機で買い物に行ったら早いやん」。買い物カートを押してくるおばあさんと，このような挨拶が交わされる。それほど空港に接して，中村の人びとの暮らしはある。（2007年5月）

5　洗濯物と空港のフェンスが肩を寄せ合う。有刺鉄線と洗濯ばさみがグラフの曲線のようにシンクロして,人びとの暮らしと空港が交差する(2006年12月)

6　植えられた朝鮮冬瓜の蔓がフェンスにまきつき,実を結んだ。中村地区と空港を隔てる鉄条網という非人間的な扱いも,人びとの日常の一部として利用され,風景として溶け込んでいく。(2005年7月)

7　「川床テラス」の夕暮れに映えるみかん。空港の中に家が建ち,小川の上に納涼台(テラス)が設えられる。「不法占拠」であるために下水道はない。小川がその代わりの役割を果たす。(2006年3月)

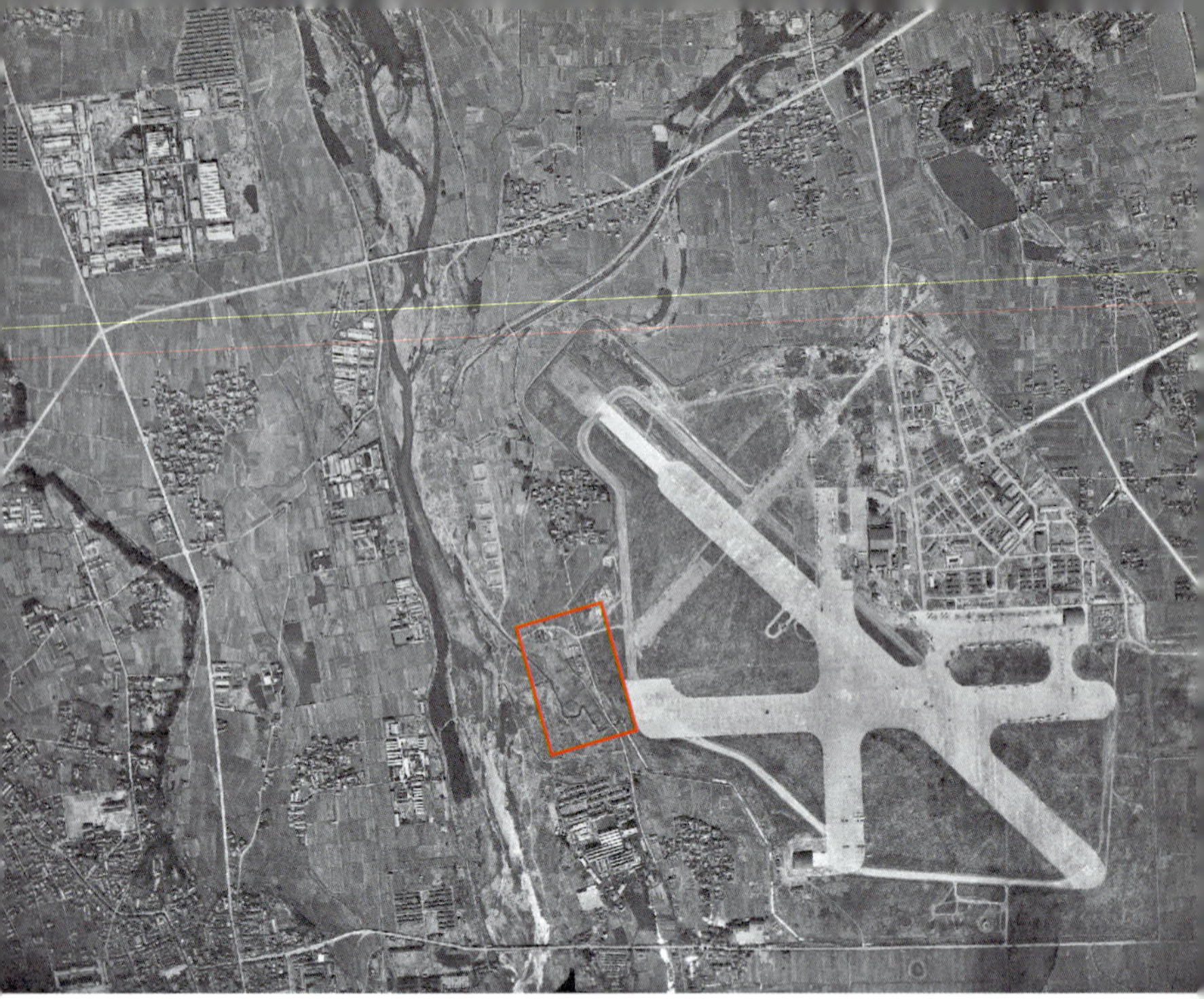

8　米軍占領当時,上空から見た空港。赤線内が中村地区(国土交通省大阪航空局提供,1948年)

9　空港建設当時の中村地区。「近くに火葬場があって,夜になると火の玉が出て怖かった」。のどかな田園地帯にプロペラ機用滑走路が建設され,飯場をはじめ家が建ちはじめている(写真手前)。大阪国際空港として開港したのは1959(昭和34)年である。(同上,1950年代?)

10　火事跡（赤線内）。「バラックのトタンやベニヤだから，ぱっと燃え出したら全焼，村の3分の1焼けてしまう。30軒40軒みんなきれいに燃えてしまうんよ。いっぺんに燃えてしまうのですさまじい」。昭和40～50年代には火事が頻繁に起こり，自治会の前身である消防団が結成された。（毎日新聞社，1971年4月）

11　たとえ空港の土地であろうと，ここは自分たちが住む場所である。火事で家を失い，国から立ち退きを求められ，建築禁止の看板を立てられても，翌日には廃材をかき集めてバラックを建てる。こうして日々の暮らしを再建していくのである。（国土交通省大阪航空局提供，1971年4月）

12　「このお地蔵さん祀ってから,中村はあんまり火事になれへんかったんです。神さんのおかげやなと思う人も私だけじゃないと思いますよ」。子どもの健康や家族の安全を願って,人びとは自然と手を合わせる。(2004年8月)

13　お地蔵さんの石は,もとは洗濯石だった(?)(同上)

14　夏の地蔵盆のお祭りでは,即興の音楽に合わせて踊りが奉納されることもある。降りしきる雨のなか,お地蔵さんの前で汗だくになって踊る女性。(2004年8月)

15　中村地区が若かった頃,夏の地蔵尊の祭りには数十の提灯が下り,みな思い思いに踊った。空港という国有地から土地を治めるお地蔵さんのお祭りの場所へ,人びとの実践が空間の意味を変化させている。(福田勇さん提供,1991年8月)

16　「いやあ,こんなモヤシみたいな子が(ここの調査をして)大丈夫なんやろか」。急逝した韓国料理店とらちゃんのママさんの,わたしへの第一印象である。同じ調査者の三浦さんとこの店でよく飲んだ。ここでしか会えない人たちから思いがけず深い話をうかがい,耳を傾けた。(2005年7月)

17　ママさんの娘さんの結婚披露宴(チャンチ)。豪華な豚肉料理や魚料理が自宅の食卓に並べられ,近所の人たちがお祝いに駆けつけた。私たちも招かれた(2003年10月)

18　酒が入り,チャンチの締めくくり。お鍋が太鼓に,お玉がバチに変わり即席の楽器が鳴りだすと,待ち構えたようにみなの踊りが始まる。(2003年10月)

19　「在日の人たちも,自分たちと同じような苦労をしてきているんだ」。被差別部落に住みながら代々ホルモン屋を営んでいる男性が,車で行商に来る。蜂の巣のような胃袋,大腸,肝臓,テールなどのホルモン,そしてキムチが並べられている。(2005年7月)

20　「僕たち着陸帯で焼肉をしているなあ」。空港に一番近い公園で最後の焼肉パーティーに，ふだんは管理する側の航空局の人たちも呼ばれた。鉄板からもうもうと立ち上る煙を見ながら缶ビールを片手にした彼らの言葉は，中村地区の出来事を象徴しているかのようである。(2006年5月)

21　「工事で水が止まったとき，私ら婦人が役所に行ってものすごい喧嘩してんから」。オモニたちのパワーにいつも圧倒される。(2006年5月)

22　「不審者と思われて警察官から呼び止められたのよ」。女性は空き缶を集めた袋を自転車の前後，サドル，両手いっぱいにしてリサイクルセンターへ持っていく。缶は圧縮されパズルのように積み重ねられていく。（2003年3月）

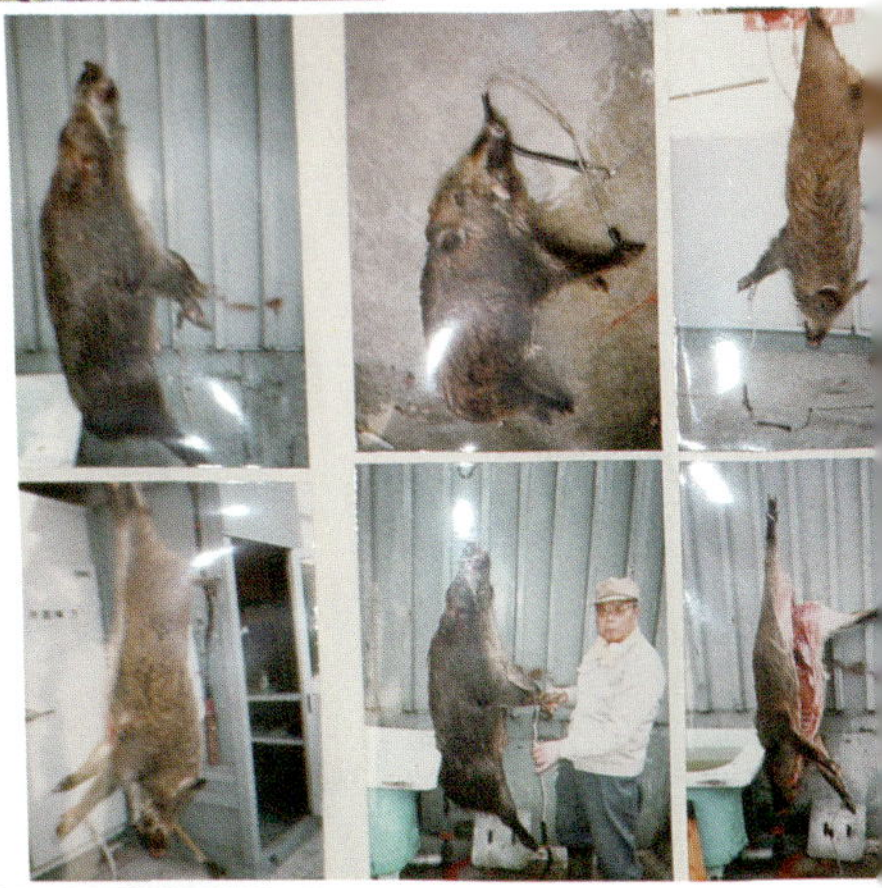

23　「素人見てもわからない。山の中に入るから，いかに軽くて簡単にセットして，捕獲率がいいのがこれやから」。猟の罠の仕掛けを製作して有害駆除用に日本全国津々浦々へ搬出する。自らも猪猟に出向き，猪は1頭約100kg30万円で，松阪牛より高く売れるという。（2003年6月）

24　「海外に出すのは，今は古着だけ。昔はウエスといって油や機械をふくのが出とったんですけどね。中国から安い新品のええのがどんどん出てくるので」。空き缶，新聞，鉄，ガラス，ゴム，貴金属（アカ）などを収集していた寄せ屋の商売が，専門分化していく。（2003年6月）

25　「おにいちゃん聞いてたら矛盾ぎょうさんありますやろ。税金払いながら車1台認可されずに。この人（主人）の職業，メリヤス加工業だけど，もう製版がだめでね。うちらだって明日でも首つるかわからへんから」。中国や韓国の安価な商品が大量に流入して，メリヤス産業は下降の一途を辿った。移転補償事業でとった選択は廃業の道だった。（2003年5月）

26　「この村にアスファルト敷けたら，村の端から端まで逆立ちして歩いたるわ」。ミゼット（三輪トラック）が通ると道は砂塵が舞い上り，雨になると泥を練ったようなぬかるみになった。子どもたちが通学するのに不憫で，道路の舗装を行政に要求していくことになる。（2006年12月）

27　「豚のエサを自転車でリヤカー引いて取りに行くんですよ。140kg引っ張るんですが，体が小さいので私より後ろのリヤカーの目方の方が重たいもんですから，ブレーキかけても，ずるずるってずり落ちてしまって，下りられない。恐いんですよ」。（2006年12月）

28　新しくできた第1期の市営住宅。新たな暮らしの第一歩が始まっている。国は「不法占拠」地域の移転補償事業として建物補償とともに,伊丹市に国有地を売却し,市が集合住宅を建設して集団移転を実施するという異例の決定を行った。(2007年2月)

29　地域住民の拠点となる集会所と事業所用地。この移転補償事業の難しさは職住一体型のコミュニティをまるごと移転することにあった。「なぜ国有地で商売して儲けている人の土地を用意する必要があるのか」という，公共性をめぐる問いを乗り越える仕掛けがここに表れている。（2007年2月）

30　新しい市営住宅から「中村」という呼称が消えた。周辺コミュニティの一部として位置づけられることは，単に地名が変わることではない。行政区分上，「人間（市民）」としてみなされることである。（2007年2月）

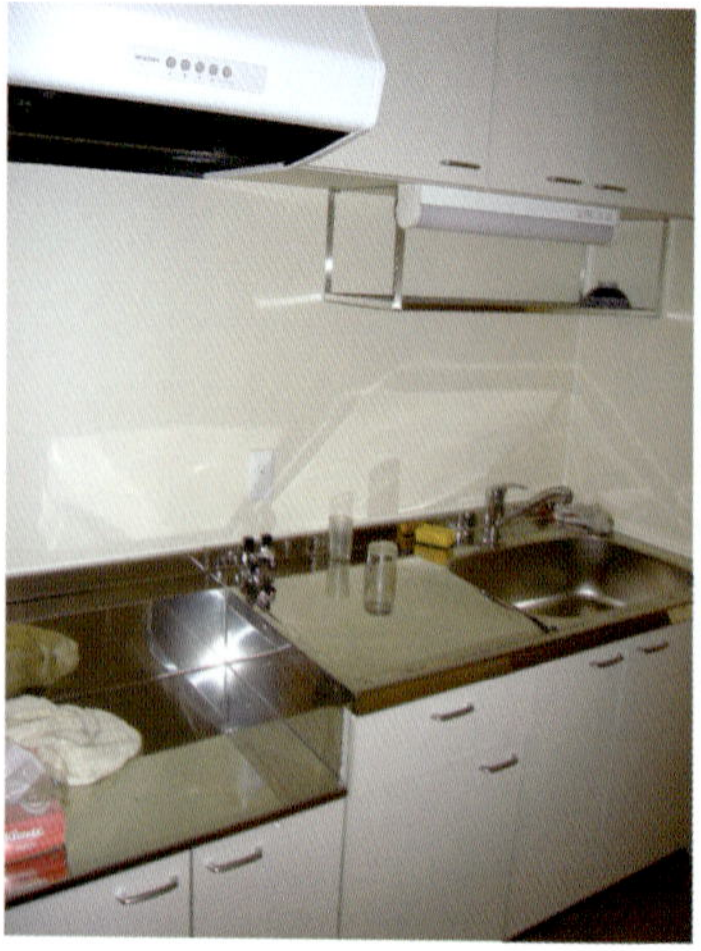

31　「高級すぎて（お風呂の）使い方がわからんのよ」。まだガスコンロが入っていない真新しい市営住宅を訪問すると，日雇い労働者の男性は私たちに新たな生活への戸惑いを語ってくれた。（2007年2月）

32　冬柴国土交通大臣，井戸兵庫県知事，藤原伊丹市長などが列席し，自治会役員をはじめ中村地区の人びとと整備事業を祝う記念式典が開かれた。「（飛行場の建設に従事し，劣悪な環境におかれた在日に対して）日本人として恥ずかしい，何とかしなければいけないと思っていた。（中略）役所に対して不法占拠ではないんだ。あれは（中村地区はもともと）国が使用を認めた使用貸借に基づいてそこに住んでおられる」。現役の国土交通大臣として在日の「徴用」にまで一歩踏み込んだ発言は歴史的重みをもつ。（国土交通省大阪航空局提供，2007年5月）

33　おえらいさんがいなくなった後，少し ほろ酔い気分になりながら，緊張から解放される。（2007年5月）

はじめに

それは突然だった。いつも調査に同行している三浦さんから一本の電話がかかってきた。「とらちゃんのママさんが亡くなった」という。とらちゃんのママさんとは、私たちがいつも調査後に足を運ぶ、あるいは直接そこへ行くこともあるが、韓国料理店を経営している女性である。メニューはあるが、いままでオーダーしたことは一度もない。ママさんが料理をチョイスして私たちに出してくれる。お世辞抜きで料理の腕前は一流である。そんなおいしい料理も私たちを満たすことはもうない。

はじめ三浦さんが何を言っているのか理解できなかった。それほど突然の訃報だった。それもそのはず、入院して10日もたたないうちに肝臓がんで急逝したのだ。享年64歳。信じられなかった。お葬式でご遺体に直接対面したあとも、亡くなったのだと信じることができなかった。

思い返せば、わたしがこれから本書で書こうとしている兵庫県伊丹市にある「不法占拠」地域を訪れ、自治会の会合でこの地区のことを研究している学生として紹介してもらったのが初対面である。在日韓国・朝鮮人の人たちとはじめて向き合い、するどく威圧するような、民族的とでもいえる眼光と雰囲気に、わたしは少し尻込みしていた。会合が終わったあと、唯一わたしに声をかけてくれたのがママさんだった。

「こんなモヤシみたいな子が（ここの調査をして）大丈夫なんやろか」と言いながら、ママさんはここに移り住んだ当時の話をよく聞かせてくれた。同行の先生と論文を渡して読んでもらったが、「こんなんが研究になるんかいな」とか、「まあまあやな」とあけすけに言い、批判してくれる人だった。自分たちとは異世界の人間を快く受け入れて、いつも私たちとの再会を喜んでくれた。学者だからといって、私たちに一歩譲って接することなく、対等な人間としてわけへだてなく扱ってくれた。だからこそ、わかってくれる人に対する愛情や懐の深さがある。ママさんからは、数え切れないほど多くのことを学ばせていただいた。

ときには、「いやあ先生、昨日夢に出てきたわ」「奥の座敷を使っといて、座料をとらへんから」という冗談もでる。その一方で、真剣な話になれば、北朝鮮に渡った兄のこと、身重の体で廃品回収をするために、大きなおなかを抱えてマンションの階段を上り下りした話、夫が脳溢血で倒れ自分も子宮がんに侵されながら、女手ひとつで料理店を切り盛りし、4人の娘さんを育ててきたことなど、艱難辛苦に耐えてきた体験が、せきを切ったように次から次へあふれ出てきた。

「不法占拠」に対して国が異例の移転補償を行うことになった。ママさんは亡くなる翌月に、でき上がったばかりの共同住宅に移る予定であった。その後、移転先の敷地内に建てた真新しい店舗でまた料理の腕を振るうはずだった。土地の契約に判をついた時には涙を流したと聞いているが、新天地での新たな生活を一番楽しみにしていたひとりが、ママさんであった。ぜひママさん自身の眼でしかと見てほしかっただけに、神様がほんのひと月の猶予も与えてくれなかったことが無念でならない。

いくどとなくママさんから「やっと中村（「不法占拠」地域）から解放される」と聞かされた。「不法占拠」地域で暮らしてきたこと、そしてそれから解放されるとはいったいどのようなことだったのだろうか。たんに土地を無断で借用しているという法的事実ではない「不法占拠」を考えると、そこには彼女たちが抱え込み、背負わされてきた歴史がある。

本書は、国民国家、民族、土地、労働、生活環境から何重にも締め出されながら、なおも人びとが規範に従って日々の暮らしを立て、それによって生成していく「生きられた法」を明らかにしていく試みである。この「生きられた法」によって「不法占拠」は文字どおり〝解放（＝解消）〟されていくのである。ママさんの願意であった、人間が人間として解放されていくとはどのようなことなのか、を考えることで、道半ばで天国に逝ったママさんに本書を捧げたい。

目次

目次

装幀　上野かおる
口絵デザイン・地図制作　谷崎文子
裏表紙・扉写真提供　大阪航空局
*断りのない写真は著者撮影によるものです

第1章　不法と剝き出しの生

1　問題関心

都市の貧困

21世紀は「環境」の世紀だといわれている。たしかに一面では正鵠を射ている。ドイツ・日本などの先進国はこぞって「環境立国」・「環境先進国」を標榜しはじめている。経済成長が終わりを告げ「成熟社会」[1]（ガボール 1973）へと突入したことは、多くの人びとの支持を得るであろう。

ただその一方で、成熟社会はおろか、経済的な安定にさえ達していない国や「開発」に取り残された都市や地域が数多く存在している。電気や水道もなく、わずかな土地にバラック小屋を建てて密集して暮らし、不安定な仕事、低い収入、不衛生に脅かされ、教育を受ける機会すら奪われた家族や子どもたちがいる。都市における「貧困」地区の問題解決が、以前にもまして重要な課題群として浮かび上がってきた。「先進国首脳会議」、「貧困削減戦略国際会議」、「貧困・飢餓撲滅行動のための世界首脳会議」などの国際会議などでも、少しずつではあるが、都市の貧困が注目されるようになってきている。

貧困の集積する構造

それでは私たちは「貧困」というものを、どのようにとらえればよいのだろうか。まず、「貧困」地域は満遍なく拡がっているのではなく、ある地域に集積したかたちで現れる。たとえば、富裕階層は自らの経済的な資源を動員することで、環境の良好な土地に住居を構えている。その逆に、生活の手段がきわめて限られている低所得層は、より環境の悪い地に身をおいている。とりわけ、アジア、アフリカなどの都市において彼ら彼女らが生活しているのは、河川敷や空港周辺、ごみ集積場といった環境劣悪な「貧困」地区である。誰もが望んで住むような土地ではない。正当な所有の権利もないまま、占有するかたちが大半である。いわゆる「不法占拠」、スラムと呼ばれる集住形式である。

彼ら彼女らは、ほとんどの場合、公共用地を「不法」なかたちで占有しているために、総じて「不正義」として否定的に見られる傾向にある。しかし、通常こうした生活上の困難に対して、国や地方自治体が果たす役割はきわめて限られたものにならざるをえない。行政は不法占拠やスラムに対して「静観」・「無関心」といった対応をとる。国際的なイベントなど特別な事情が生じた場合には、強制退去、排除や妨害という暴力的な介入を行うこともある。「法律」を適用できないとして、ライフラインおよび公的福祉のサービスや援助は、どうしても行き届かない。具体的には、上下水道などの敷設、ゴミ収集、道路の舗装、といった通常の行政サービスが行われない。

都市における公園などのパブリックな（公共）空間では、ホームレスが暮らしを立てているが、行政が「生活（再建）」のためという理由で介入することはほとんど皆無に等しい。そこでは、「美化」、「衛生」、「治安」といった大義名分によってパブリックな空間における生活者という異質性を管理する。たとえば、イラン人が多く露店を出していた東京の代々木公園では、美化のための植栽として、あるいは、ホームレスや野宿者が多く青テントを張っていた大阪の長居公園（東住吉区）では、国際大会に向けた環境整備のためとして、そこで生活していた人びとが強制退去させられ、締め出された。

通常、貧困の問題を解決するためには、生活弱者に経済的な資源を分配したり、救済措置をとる社会政策が「理念上」考えられる。しかし、現実にはいくつもの乗り越えがたい法律的・社会的差別の障壁が立ちはだかっている。「不法」という社会的スティグマを背負った者に対しては、貧困救済を求める社会的圧力は弱まる。その分、行政機関は、社会的弱者の救済措置にかけるコストを省くことができる。まとめると、公的機関がその土地を必要とする場合は「強制退去」の措置がとられ、必要がない場合には「放置」される。その結果、これまで貧困問題はたな晒しにされてきたのが現状である。貧しい者は不法という行為をとらざるをえないために行政から見放され、基本的な公的サービスを受けられず、放置されて援助もなく、より貧しくなるという貧困の集積＝構造的貧困に陥る。こうして都市の貧困者は「剝き出しの生」を生きることを余儀なくされる。

貧困をめぐる新たな動き

上記のような貧困をつくり出す社会の構造が厳然としてある一方、それとは異なる動きもある。近年アジアの都市において不法占拠地域が増加し「常態化」している現在、たんに「不法」だからという形式的理由や建前では、強制排除や放置が困難になっている。たとえばフィリピンでは、スクオッター法（92年：通称リナ法）という法律が制定された(2)。スクオッターにはおよそ2つの種類がある。ひとつは合法的な土地所有のチャンスがある住民で、土地の権利者が国で、住民が居住しながら土地を管理している場合である。つまり、土地を持っていなくても、土地の税金を払って居住権を確保することを行政が認めている。税金を払うのは納税の意識からではなく、ほかの人や国が所有を主張した時に居住権を主張できるからである。

もうひとつはフィリピン国有鉄道敷地内に住む貧しい人びとである。彼ら彼女らに対して、土地と居住地を提供するナショナル・プログラムがある。その土地を使っていない場合には、安い値段でしかも長期間の償還で国が土地を買い取って住民に提供する。ただし、住民に合法的な土地所有のチャンスはない。水道・電気・ごみ収集などの行政サービスは、土地所有者から不満が出ない限り行われる。基本的に「不法占拠」であっても、公的福祉と医療サービスを受けることが可能である。これらの現状を踏まえて、スクオッター法が施行されている。

フィリピンでは、バランガイ（行政末端組織：日本の自治会よりも強い組織）という行政・住民組織が重要な意味をもっている。理念上は、スクオッターの登録および監視の役割を担うが、現実には、彼ら彼女らの要望に応えるという二重の役割を果たしている。スクオッターはまず自分の居場所を確保して、それをバランガイに登録する。スクオッターがバランガイに組み込まれていることがここでは重要である。フィリピンでは基本的に社会の中でスクオッターをむしろ推奨しているようにみえるし、実際そのようなしくみになっている。このことを（ある程度）人びとが認める、あるいは正義にかなうと思っているところが「社会規範」として大きい。

この法律は、スクオッターである住民を勝手に強制排除することを許さない。もしその土地を開発する場合には、彼ら彼女らのための居住の場所を提供しなければならず、ほとんどの場合、土地所有者はそこまでのリスクを背負い込むことをしない。そのため、現実として所有権よりも実質上「占有（居住）権」の方が強いという逆転現象が生じている。土地所有権者側にとって、土地の自由な売買を規制される点で、厳しい内容の法律である。

この事実は、構造化された貧困をソフトに転換させる可能性を拓く。ある社会制度やしくみを通じて、不法占拠者が貧困から脱していく猶予や空間を確保することを、社会の側がバックアップする制度ともいえる。場合によっては、貧困者が経済的に豊かになるきっかけを提供することにもなる。

格差社会へのくさび

これまで社会学のなかでは、豊かな者は世代を超えて豊かである、あるいは貧しい者がより貧しいままで留まっているという社会的再生産のメカニズムや格差社会に着目し、主に階層研究を中心に研究が進められてきた。都市研究において、階級文化は階級的な不平等構造を固定化し、再生産する機能をもつことが実証されている。たとえば、ウィリスは、反学校の文化がエリートたちを軽蔑し、労働者階級としての自分たちを肯定していく再生産の論理を発見する（ウィリス 1996）。また、大都市の寄せ場の研究では、同じような境遇にある寄せ場労働者が周りにいるという「われわれ」感情をよりどころに、否定的アイデンティティを肯定的なアイデンティティへ転換する論理を発達させていることを明らかにした（西澤 2000；山北 2006）。

ただし、社会政策の見地から考えた場合、次のような実践的な関心が弱い。すなわち、社会的再生産のメカニズム研究は、階層移動の機会が閉ざされ、低所得層は世代を超えて再生産されるという社会的不公正をどのように是正し、機会の平等を確保していくのか、という点である。

格差社会にくさびを打ち込むためには、社会的再生産のメカニズムとは異なる逆転現象をバックアップし補強していく必要がある。法律的に何も権利がないことを理由に、都市における「不法占拠」を一方的に排除する対象として分析するだけでは不充分である。都市における現場では、「不法占拠」をめぐる貧困とそのような貧困イメージとは相反する「豊かさ」を生み出し、それをサポートする社会政策が構築されつつある。「不法占拠」地域の人びとには、実質的に社会的権利がすでに発生しているが、このような新たな社会的な動きや権利に「言葉」を与えることが求められている。そうでなければ、既成の観念とは一致しない新しい正義や豊かさをここから導き出し、新しい概念として「人類の幸福に資する」(3) 社会学のなかに位置づけることはできないだろう。

さらに、私たちの社会では「正義」か「不正義」かという区別が、政治的・法的にある程度決められている。私たちの正義感覚はこのような政治的措定や法体系のもとで、少なからず制度化され身体化されている状態にある。「自然化」された正義か不正義かの区別は、権力による「正義の独占」を巧妙なかたちで隠し、不問に付すという効力をこれまで保ってきた。

強者による「これが正義である」という正義コードの制度化に対し、社会的弱者や被差別者は、社会的に孤立したなかで不正義を訴えなければならない状況にある。「不法に住んでいるのは、あなたたちが勝手に決めたことだ」というように、社会的弱者の声が封じられ沈黙させられる。本書は、彼女ら彼らのこれまで私的でエゴイスティックとしかとらえられなかった行為を、公共的なものとして当事者たちが組み替えていく過程を、社会学の視角から解き明かしたいと考える。

「不法占拠」の画期的な解決

想像してほしい。いま「空港」の中に集落が拡がっている。なぜ人びとは空港に住むことができるのだろう。どのようにそこで暮らしているのだろうか。ここ大阪国際空港（通称伊丹空港）の空港用地および同周辺の猪名川《いながわ》河川敷にまたがる国有地（中村地区）に、法律でいうところの「正当な」土地の使用権限を保持しないまま、01（平成13）年現在159世帯404人の在日韓国・朝鮮人（一部日本人）が居住している。日本でも最大規模といわれる「不法占拠」地域である。

戦後半世紀を経た00（平成12）年においてもなお抜本的な解決には至らず、空港用地に一般住民が居住するという「不正常な」状況が続いていた。空港の中に住んでいるので騒音も激甚である。本来ならば騒音防止法(4)に照らして、万全な防音対策がとられてしかるべきである。だが、「不法占拠」であるがゆえに、空港周辺の最高度の航空機騒音に対して適用される同法の諸対策からも外され、彼ら彼女らが受ける騒音と振動の被害は深刻であった。

ところが、半世紀以上「不法占拠」を続けてきた中村地区の住民に対して、このたび国と伊丹市によって合法的な「移転補償」が行われることになった（国土交通省記者発表、02年5月10日）(5)。国が中村地区に隣接する土地を伊丹市に売却したうえで、市が共同住宅を建設し、そこに中村地区の住民が集団移転する環境整備方針が立てられた。現在、07（平成19）年度に移転完了をめざして移転補償事業が進められている（以後、本書ではこれを「移転補償制度」と呼ぶ）(6)。これにより、長年の深刻な騒音被害と劣悪な居住環境は解決されることになる(7)。

それだけではない。通常、公共事業による立ち退きなどの場合、代替地（移転先）の提供は行われない。個人の移転希望に対して国が土地と建物の対価を金銭的に補償するだけで、住民はその資金をもとに自分で居住地を探すことになり、地域コミュニティは解体する。これに対して今回は、隣接地へ集団移転することで地域コミュニティは保持され、「不法占拠」地域に居住する人びとの文化的ユニットを承認する施策となっていることが大きな意味をもつ。

このように、きちんとした制度の枠組みで「不法占拠」の移転補償が国によって決定されたことは、これまでに例がない。国はなぜこのように決断するに至ったのだろうか。不法占拠者を手厚く補償することは、一部から「盗人に追い銭」と言われるように、フリーライダー（ただ乗り）問題を助長し、「公共性」を著しく逸脱しているのではないかという強い批判が生じるだろう。それだけにとどまらず、「国」の施策としては、同様の事例に対しても潜在的な波及効果が大きく、リスクが高いことが予想される。

社会的リスクの高い施策を実際に講じることを、社会学はどのように考えるべきであろうか。一言でいえば、公共性を逸脱するととらえるのではなく、むしろ公共性を積極的に増進させる、あるいは公共性をよりよいかたちで組み替える、という視点がここでは不可欠である。フリーライダーを力で抑え込む、リスクを冒さない、というものとは異なる政策判断と、それを支える「寛容な正義」がここには含まれていると考えるべきである。

2　本書の構成

ここで簡単に本書の構成を紹介しておきたい。ただし、ここからは博士論文という性格もあり、次の第2章などは学術上やや堅苦しくなっている。「読み物」としては、ここから第3章の具体的な分析へ進み、わかりやすい箇所から入っておおまかに全体をつかんでいただければ幸いである。

本書は「不法占拠」地域の人びとによって、一見エゴイスティックにみえる行為が「公共的」なものとして組み替えられていくプロセスを追う。具体的には、日本最大といわれる「不法占拠」地域である中村地区（大阪国際空港、通称伊丹空港の国有地にある地区）において、「不法占拠」という住民の不法な私的行為が、合法／不法の基準で判断する行政からも「正当性」が認められ、「不法占拠」地域の移転補償がなされるしくみを明らかにしていく（第1章）。

本書のもっとも大きな分析枠組みは、正義論である。「合法／不法」をめぐる研究史を繙くなかで、デリダを引用しながら正義を法システムに外在するものと見なし、法（「合法／不法」）の脱構築と正義の再構築をはかる（第2章）。それは第3章において「不法占拠」の脱構築を試みる際の布石となる。また社会構造がたやすく変わらない現代社会において、中村地区のように法外世界に排除された人びとの「剝き出しの生」が常態化していることを、アガンベンを引用しながら示す。

「不法占拠」地域である中村地区の複雑な成り立ちを解きほぐすにあたって、本書ではフーコーの系譜学のアイデアにもとづく（第3章）。一般に「不法占拠」とは、国有地もしくは私有地を無法者が占拠するというイメージがある。土地をめぐる重層化された関係性はどのように生成されたのか、人びとはどのように暮らしを立てていったのか、中村地区の人びとの生活誌と航空写真を比較検討して、「不法占拠」の系譜を解き明かしていく。このことを通して土地登記と土地利用の実態のずれに光をあて、「不法占拠」イメージを覆す（脱構築）ことを試みる。

筆者は99（平成11）年から07（平成19）年まで十年近く中村地区において現地調査（聞き取り）と資料収集を行った。その過程で、「日本人」である筆者〈わたし〉は、中村地区の「在日」の人びととの間に越えがたい壁を感じた。長期にわたるフィールドワークを重ねながらも、彼女ら彼らから「遠い」他者であると感じていたある日、筆者の失恋経験と中村地区の女性の過去の経験が突然重なり、心的「接近」を実感することになる。権利を剝奪され日本社会から差別されて、否応なく「在日朝鮮人」として生き抜いていかざるをえなかったにもかかわらず、「在日」や「不法占拠」を主体的に選んだかのように、「私的」空間に押し込められ、深い「沈黙」を強いられるという暴力メカニズムを明らかにする。

私権を排除したところに成り立つ国の「公共性」の理念を前に、私権を擁護しかつ公共的な利益を確保することは両立可能なのか？　本書ではこの実践的な課題に向き合う（第4章）。伊丹市という地方自治体を媒介者として、少数者の正義が歴史的認識のもとにとらえ直される。その結果、国や地方自治体は「不法占拠」地域の住民を良好な環境を享受する権利者と位置づけ、騒音防止法が適用されて移転補償が実現するという、「不法占拠」のドラスティックな解決が決定する。ここから文化的な不公正と経済的な不公正を是正するような「環境正義」に根ざした公共性の組み替えを示す。

合法的な制度のもとで多額の建物補償と営業補償が支出され、「不法占拠」が解消された点で、今回の移転補償の決定は画期的である。国と伊丹市の交渉過程に焦点を当てて、なぜ合法的に補償されたのか、そのしくみと仕掛けを内在的にとらえる（第5章）。

続いて国による移転補償制度にもとづく生活保障という、より実践的・普遍的な課題へと議論を深めていく（第6章）。〈不法でない占拠〉と〈不法である占拠〉が相互転換される可能性を読みとり、政策上のポリティクスとは別次元に、すべての不法占拠へ今回の論理を拡げるための社会学的根拠を開示する。具体的には中村地区の人びとが絶対的な社会的剝奪状況から日常的な生活実践を立ち上げ、生活基盤を築いていくプロセスを、中村地区の人びとの自己準拠的な正義に注目しつつ明らかにしていく。

とくに、土地の所有意識を手がかりに考察を進めると、中村地区の「不法占拠」には、登記上の法的事実とは異なる原理が見いだされる。一例をあげよう。度重なる中村地区の火災では、国は焼け跡に杭や有刺鉄線を張って立入禁止とし、再建築を禁止する通達を被災住民に出す。これに対して住民は深夜に現場に戻ってきて自ら杭や有刺鉄線を取り除き、かき集めた建材でバラック小屋を再建し、生活を再開する。いったん排除され、国が「管理」した更地に、住民は再び生活基盤を築き、まるで自分たちの領土のように空間を支配する。中村地区の人びとはもちろん、こうした行為の正当性を登記簿や地籍という土地所有の水準には求めていない。自らが土地に働きかけてきたがゆえに土地に関わる権利が承認されるという「本源的所有」の水準に見いだしている。人びとの所有意識を含み込んだ日常的な生活実践が「生きられた法」となって、土地利用をめぐる法的根拠や経済的基盤を規定し、公共性を組み替える過程に巻き込んでいく。

最後に、本書のテーマである「生きられた法」をまとめる（第7章）。「生きられた法」とは、国家の法による一元的な支配とは異なり、国民国家、民族、土地、労働、生活環境から何重にも締め出されながら、人びとが自らの規範に従って生活実践を集積することによって生成されていく、相対的に自律した独自の社会的制度体（秩序）である。日常の生活実践において獲得された論理や知識にあくまで準拠して「生きられた法」は生成されてきたのであり、それが実定法そのものを裏切って法を再生成していく。法外に排除された人びとの実践的コミュニティは周縁に位置取ることで外部へ向かって開かれ、グローバルな資本主義世界システムを自らのもとに招き入れ、無から財を築いていく。

マジョリティから排除され、法外世界に放り出されて「剝き出しの生」を背負わざるをえなかった人びとの「生きられた法」を通じて、「国民国家」をめぐってこれまで語られることもなかった生活実践、生活環境、地域および実践的コミュニティと、国民国家における法制度との結びつき（ミッシング・リンク）が浮かび上がる。この結びつきが、中村地区をとりまく社会的事実を支え、「不法占拠」を正当化する際の正義の母胎となっていく。

こうした本書の立場を「法外生成論」と呼び、他者を徹底して排除する20世紀末の正義に代わって、例外状態におかれた社会的弱者の存在を肯定し容認する「寛容な正義」と「人類の幸福に資する」社会学的根拠を追求するうえでの鍵としたい。

注

（1）ノーベル賞物理学者デニス・ガボールは、「成熟社会とは人口および物的な成長はあきらめたけれども、生活の質を成長させることはあきらめない社会」と規定している（ガボール 1973：xxi）。

（2）筆者は03、05年にフィリピン・マニラ近郊のロス・バニノス（Los Baños）市でスクオッター（squatter）に関する聞き取り調査を行った。ここでは市全体として約2千5百戸のスクオッターが居住している。スクオッターに対するバランガイ（Barangay）の役割としては、医療サービス、食事サービス、洪水が生じた際の住民の避難誘導などがあり、なかには夫婦喧嘩の仲裁・調停やお金の貸付もある。

土地代の20％が、人口比に応じて市（municipal）からバランガイに返ってくるが、たとえばマリンタ（Malinta）村の場合、03年度の予算は１・２億ペソに上り、それぞれのブロックから上がってきた要求に応じて配分される。その際、とくにスクオッターだからといって予算が減じられることはなく、むしろ環境が劣悪だとして集中的に投資されることもある。そのことがむしろ推奨されている社会である。これは公共事業の場合、そこに住む人「全員」が利益を受けなければならないので、彼らスクオッター住民を助けるのは「当然」だという住民の意識があるからだといわれている。

（3）関西学院大学大学院社会学研究科21世紀ＣＯＥプログラム『「人類の幸福に資する社会調査」の研究』（03～07年度）の中心的テーマであり、筆者も研究メンバーであった。

（4）正式には「公共用飛行場周辺における航空機騒音による障害の防止等に関する法律」（昭和42年8月

1日法律第110号)「同法第一次改正」(昭和49年3月27日法律第8号)。航空機騒音による障害が著しい空港周辺地域に対して、国が移転の補償や公共施設・住宅の騒音防止工事の助成などを行うよう定めている。騒音の程度によって第1~3種の区域がある(数字が上るほど激甚)。第3種は国が土地を買い入れ、緑地帯や緩衝地帯として整備し、その後民間に売却することはない。第2種は郊外移転の希望者に対して移転補償が実施され、民有地として払い下げる場合もある。第3種と違って第2種では将来も居住区域として想定されている。第1種は民家の防音工事などの助成が実施される。大阪国際空港周辺の中村地区は第2種および第3種区域にあたる。

(5) 国土交通省の記者会見によると、「本来は、国が補償をする立場にはない。制度の適用の有無にかかわらず、国は立ち退きを求める立場にある」。「しかし、それでは実際の解決にはなっていないのも事実である。今回あくまでも人道的な立場から、異例ではあるが移転補償をすることに決めた」(国土交通省記者発表資料より抜粋、02年5月10日)。本書図16参照。

(6) 具体的には、71(昭和49)年から大阪国際空港および福岡空港周辺地域において、国の委託を受けた独立行政法人空港周辺整備機構が民家防音、移転補償、緑地造成、再開発整備、代替地造成など、空港周辺地域の騒音軽減と生活環境改善のための事業を行っている。

(7) 移転先の代替地は中村地区に隣接する対空受信所施設跡地であり(図10参照)、騒音自体にはあまり変化がないが、建物補償と営業補償による生活保障を行い、中村地区をコミュニティとして保持した点で画期的な解決といえる(第5章参照)。

第2章　「合法／不法」の脱構築と「正義」の再構築

1　ジャスティス（法／正義）

なぜ行政は「不法占拠」を扱えないのか

本章での課題は、なぜ中村地区において「不法占拠」は合法的に補償されるのか、またなぜ「不法占拠」に公的資金が投入されるのかという点に関して、「不法占拠」をめぐる見取り図を描くことにある。「不法占拠」をわかりやすく理解するために、ここではまず法律領域と政治領域という2つの理念的な類型による把握をしてみたい。理念的に、「正義」をめぐる法律領域〈合法と不法〉という軸と、政治領域〈公共性（公共圏）と私的生活（親密圏）〉という軸をかけ合わせたマトリックスを用いながら分析を行う。

このマトリックスに従えば、通常〈合法と公共性〉の組み合わせは「正義」をより体現していることになるだろう。たとえば、ダムや高速道路などのいわゆる公共施設は、法律によって厳格に位置づけられ運用されている。行政は公共性の高いもの（公共財）として公共施設に公的資金を投入する。よって、合法と公共性の組み合わせは、たとえ社会的疑義が生じたとしても、手続き上はもっとも正当化されやすい。その対極として、〈不法と私的生活（親密圏）〉の組み合わせは、正義に適っておらず、より「非正義」である。不法な存在はそのまま制度に則って合法化されることはないし、私的な生活に公金が直接投入されることもない。

ただし、ここでは不法が違法ではないということも同時に押さえておかなければならない。違法の場合、明確に法律に反しているということで、処罰の対象になる。たとえばスピード違反を思い浮かべればわかりやすい。何キロオーバーで違反点数が何点減点されるということがあらかじめ「不正義」として決まっていて、取り締まる側も、その法定規則を超えて違反者を処罰することはできない。それに対し、不法の存在は、法律に則っていない分だけ権力側の裁量にゆだねられやすい。いわば行政の「グレーゾーン」にある。上の２つのマトリックスを踏まえつつ、思想史的検討を加えながら、グレーゾーンにある「不法占拠」の位置づけを、まず法的な世界から順を追って分析する。

法の安定化機能

法は、一般的には、人びとの期待を安定化させる機能を果たす。すなわち、「市民一人一人に〈仮面〉を被せて、各〈人格〉を公的領域の中での活動（演技）のルールに従うように仕向けるしくみが〈法（nomos）〉」（仲正 2001：47）である。法の強制説をとるにせよ法のルール説をとるにせよ、いずれも法に従う主体を想定していることになる。したがって、法の一元的な支配による現実世界においては、法規範に従って人びとは行為することになり、例外がない状態を想定していることになる。ある意味で「正義」を介在させなくてもよい法システムさえ可能であるとしたのが、ルーマンによる法のオートポイエーシス論である。オートポイエーシスとは、システムの統一と閉鎖性を象徴する自己言及的なシステムである。

「法の外に法は存在せず、したがってシステムをとりまく社会的環境との関係のなかに、法に関するインプットもアウトプットも存在しない。言い換えれば、社会における法の機能というものは、他のどこでもなく、ただ法システムのなかで知覚されるのである」（ルーマン 2000：25）。これによれば、「何が『（法的に）正しい』かという基準は、現に妥当している〈法〉のコードに合致しているか否かのみであり、そこに〈道徳〉や〈経済〉といったほかの部分システムのコードも、ましてや個人の恣意的選択も絡んでこないとすれば、法的な判断主体の果たす役割は、『現に妥当しているもの』を承認するという形式的なものに留まらざるを得ない」（仲正 2001：133）という論理展開に結びつきやすいといえる。もちろん、ルーマン自身、オートポイエティックな法システムに内在する錯乱や歪みに気づきながらも、それに対応した有効な理論まで充分に構築することはできなかった（後藤 2002）。

以上のように、法一元主義は、正しいものが法律になっていたという過程が、いつのまにか法律であるから正しいという倒錯した過程になる危険性をつねに抱え込むことになる。「『なぜ？』のまえに、法は本来的に法を超えては答えることができない」（土方 2000：147）。その意味では、ルーマン理論は法実証主義につながる「現状追認型」の思想系列に属すると、仲正などはとらえている。

まとめると、実定法における「法典は、法のリストであると同時に（あるがゆえに）不法のリストでもある。したがって不法とは、法の裁きの元におかれるところの状態の表示」であり、「結局、法は合法な合法／不法―区別を基礎づけ、そこから合法な法と合法な不法とが導き出される。この区別のもと、法内部に、本来的に『不法なるもの』は存在しえない」（同上：148-9）[1]。このため「不法占拠」はまさしく、法外なものとして公的機関からは「静観」・「無関心」を、世間一般からは「邪悪」・「不正義」というまなざしを一方的に向けられることになる。

法の構築論

私たちの正義感覚は、法のなかで制度化され統制されている。そのなかにあって、一義的で支配的な法パラダイムへの懐疑から、現状批判を試みたのがハーバーマスである。ハーバーマスは、徹底した民主主義がなくては、法治国家を構築することも維持することもできないというとらえ方をする（ハーバーマス 2002：13）。「〈法〉がたんに人びとの行為をシステム的に〈制御〉するだけではなく、〈手続き〉的にプロセス化された〈了解〉を通して諸〈規範〉を産出し、それらの〈規範〉に基づいて、それに合意する自由な法的人格（＝法的同胞）たちのアソシエーションを構成すると見ている」（仲正 2001：162）。このような自律的なコミュニケーションによる「手続き的正義」を介在させることによって、ハーバーマスは法の適用・行使から法形成、法の正当化基盤までも国家が独占しているという国家的法観に対峙し、法の恣意的・道具的使用に対する理論的戦略を基礎づけようと試みた（ハーバーマス 1999：155）。

一見すると、「近代法学の成果がもつポテンシャルを、価値志向が多元化した現代社会にふさわしいかたちで解放する」（同上：156）ようにみえる。しかし、そこには大きな「排除」の大前提が横たわっていることがわかる。アソシエーションというグループ分けはたしかに国家などに対峙するための対抗的なアイデンティティの枠組みとしては有意義である。だが、そのアソシエーションの成員資格（メンバーシップ）を問うた場合、ハーバーマスの定義上、「法仲間である人」と「法仲間でない人」という区別を立てざるをえない。ここでの法仲間とは、言い換えれば「国民国家」的、「ブルジョア」的かつ「合法」的な枠組みを前提としたものであることは想像に難くない(2)。

つまり、「このような法仲間の内外という区別は、もちろん、現実の主権国家における『国籍』の問題として考える時に、その深刻な意味がいよいよはっきりしてくる。戦後日本における在日韓国・朝鮮人あるいは在日中国人の存在を考えても、今日次第に大きくなってきている『外国人労働者』の問題を考えても、『国籍』の壁を無視して今日の法システムの問題はトータルに語れないことは明らかである」（中野 1993：252）。したがって、法が近代社会の所産であるという認識に立てば、合法であり、かつ公共性を兼ね備えた正義とは、つねに「国民国家」を大前提とした社会システムの上に成り立っているのである。

法と正義の区別の必要性

上記のような問題を考えた場合、国籍を越えた問題や社会的不公正という課題にも適切に応える必要が出てくる。たんに法の再構築をはかり正当化させるだけではなく、法システム全体をダイナミックなかたちで修正し変更し、脱構築を図る作業の必要である。その際、正義と法を同一のものとしては見なさず、正義を法システムに外在するかたちで存在させることで、「正義／不正義という基準の特性は、真／偽とか合法／不法といった一義的な排他性をもって部分システムを構成するメディアとは際だった相違を示す」（中野 1997：117）ことが可能になる(3)。

この法と正義を明確に区別したのは、ジャック・デリダである。デリダは、『法の力』という著書において、「法は脱構築可能である」(4)と位置づけ、法を創設した暴力が排除し、抑圧し、沈黙させた特異な他者を正義のもとに置くことで、法を脱構築(5)される対象として実践的な意味をもたせようとする（デリダ 1999）。

「〈法〉の確定された意味体系では把握し切れず零れ落ちてしまうもの、言い換えれば、〈法〉の本来の目的であ（るはずであ）りながら実定法の意味体系には回収し切れないものを、〈正義〉と名付けるという戦略をとった。〈法〉の〈否定〉作用によって切り捨てられたものの中に、実現されるべき本来の〝法＝正義〟の理想状態の残余を見ることを通して、現時点で〈妥当〉している〈法〉が〝依然として不完全な〟状態に留まり続けていることを想起される役割を、〈正義〉の概念に担わせたのである。その場合、〈正義〉は〈法〉の〈外部〉へと排除されているが、将来〈法〉として認められる可能性のあるものを暗示する否定概念、あるいは抵抗概念として機能することにある。〈正義〉と〈法〉の食い違いを露呈することを通して、〈法〉を変動させていく契機を積極的に作り出していく、という考え」

（仲正 2001：126）

を示そうとしたのである(6)。

このようなまなざしの変化や視点の移動は、どのような社会的意義をもつのだろうか。ここでは西部開拓史におけるインディアンの例で示そう。西部劇はいわば勧善懲悪的な善悪二元論であるが、単純に「インディアン」を悪者にすることのできた時代は過ぎ去り、新たな観点からの西部開拓史の見直しが始まると、植民地主義的侵略とネイティブ・アメリカンの抹殺の歴史に光が当てられることになり、ウェスタンの正義とはつねに「白人」の正義であり、西部の法は「白人」のための法でしかなかったということが明らかになってきたのである（梅木 2002：136）。

いわば、絶対的に正しいはずの「法」の正義が巧妙なかたちで隠蔽され、「自然」性を装っていたのである。そして、法外に押し出されることで「邪悪」なものに仕立て上げられた社会的弱者や少数者のまなざしや歴史性を通すことによって、法の「不正義」や「不自然さ」が暴露されたのである。法と正義を切り離す試みは、不可侵な聖域を侵犯することによって、「正常」といわれるものの歪みをあぶり出す役割を担っているといえよう。

正義の転倒

以上のように、思想史的に位置づけてみると、〈合法と公共性〉に取り囲まれた「正義」は、本来は自由で多様なマトリックスから、支配階層によってかつ任意適合的に選び出されたものであることがわかる。それ以外にもありえたかもしれない選択肢を、「あたかもはじめからなかったように」無化してしまうためには、「法」のもとで身体化され正当化されるというある種の強力な思想の力を必要としたのである。逆にいえば、「一見すると自己完結しているように見える法のルールや概念の背後に、多様な現実的力関係が、したがって暴力とコンフリクトが、潜んでいることを明らかにもできる」（馬場 2000）ということを意味する。

抑圧された他者、現実的他者、超越的他者の抑圧・排除に対する非難・抵抗・転覆自体の「根拠」と「可能性」を正義として措定する。正義や理念をいったん制度化して満足したり、硬直したり計算可能な規定・規範に従うマニュアル的な適用としては見ない。そうではなく、デリダは絶えず何らかの規範や権利や理念を問い直し批判し継承的に再肯定していく可能性を、「正義」の介入というかたちでアクロバティックに展開しようとしたのである（藤本 2003）。

それまで不法だということで一般的に「非正義」ととらえられていたものが、「正義」に転倒する可能性が拓かれると仮定する。そうなれば、従来の〈合法と公共性〉のマトリックスでは、その反転する事由をうまく説明することはできない。そこで、新たな軸として社会的領域〈社会的強者と社会的弱者〉のマトリックスを設定することによって、はじめて〝理念〟的には「正義」をとらえることが可能となる。この図式でいくならば、「正義」とは、大文字の政治的領域に参加できず実質的に排除されている貧困者や少数者、従属的な立場にある女性といった〈社会的弱者〉の構成物としての側面を強くもつことになる。だが、筆者はこうした主張に大枠では首肯しつつも、無前提で一枚岩的な「正義」の構築のあり方に対しては違和感を抱く。

歪みを伴った正義

サバルタン（従属集団）として否定的に見られる社会的弱者が肯定的な価値を獲得した途端に、抑圧主体に転化することは、サバルタン性を帯びていたイスラエル国家が今度はアラブ地域の加害者になったことですでに歴史的に証明されている。また、この種の正義は、あたかも不均衡な権力がなくなって、社会的強者や支配者が享受しているような伸縮自在な正義の表明のようにも映る。人権のないところで人権を唱えているような、啓蒙的な理念にも陥りかねない。

社会的弱者は多くの場合、法の外側におかれていることを考えれば、むしろ彼女ら彼らの「正義」は必然的に、「フリーライダー」、「エゴイズム」、「不正義」（邪悪）などの否定的なまなざしを自分たちの内面に抱え込んだまま、「歪み」を伴った正義にならざるをえない。たとえば、「不法占拠」の場合、一般的には国有地もしくは私有地を無法者が違法に占拠しているイメージをもたれることになる。この点を踏まえれば、社会的弱者の正義とは、構造的差別やスティグマを彼ら自身が背負い込んだ時に発動されるため、自分たちの行為と認識とが必ずしも一貫せず、矛盾や齟齬に満ちた正統性を含み込んだものとなる。決して一切手垢にまみれていない純粋な正義を本書で想定しているわけではない。

2　不法と公共性

エゴイズムが公共性をもつ？

では、この種のエゴイズムがある社会の正しさを保持しているとはどういうことなのだろうか。この設問に対するヒントとなるのが、アーレントの「公共論的還元」論である（アーレント 1994）。梅木は、ハーバーマスと対比しながら、アーレントが私的領域や親密圏から公的領域を切り離し、複数の他者との公的関係への参入によって、公共論的転回ともいえるものが生じることを論じている（梅木 2002：191）。

ハーバーマスの公共性論は必然性からの解放を前提にした「自由な」人間の織りなす政治領域を論じた。それに対して、アーレントは、ハーバーマスの言うような理想的な状態にある人間集団に留まらないかたちで論じている。公共性の概念は危機に瀕した破滅的状況においても妥当しうるものであるとして、無差別に襲いかかる絶望的な破局状況（カタストロフィー）においても、まだ公共性について語ることができるかということを検討していく（同上：179）。アウシュビッツの考察を通して、自分だけ生き残るという「エゴイズム」は、逆に「みんなのため」（集団の利益）という連帯としての公的価値をもちはじめる。または、連帯することそのものが、個人的な事柄となることを示している（同上：206）。

あるいは、私的なことが公共的な意味をもちはじめることは、震災や災害の現場においてもしばしば指摘されている。通常行政が管理する公的空間において、行政は能力の限界から十分に対応できず機能不全が生じる。そのなかで、人びとが私的に協力し合いその代替機能を果たすことがあるが、それはあらかじめ解放された自由な人間たちの熟慮の結果ではない。「自由」のなかでの公共性の構築のあり方ではなく、むしろ絶望的な極限状態という「限界」のなかから公共性を救い出そうという試みである。前者のハーバーマス的なとらえ方は、私的なエゴイズムの水準が公共的な水準と分離し、かつそれよりは劣っていると見る立場である。それに対して、後者のアーレント的なとらえ方は、私的なエゴイズムへの徹底した執着によってこそ公的水準が設定される点を現実の場面から抽出したということになろう。

ただ、こうした私的な水準が公的水準へと転換するための成立条件を考えた場合、アーレント的な公共論的還元のあり方は、そもそも人間ではどうすることもできない、一時的かつ非日常的な公共性のあり方を描き出したことになる。一時的で極限的な破局状態の際に生じた公共性は、時間を経れば元の位置、つまり定点に戻ってしまうことが、つねに人びとのあいだで暗黙のうちに了解されている。だが、社会構造において公私が分離し、それが「安定化」している現代社会では、こうした極限状態における公共性のあり方は、あまりにも外部からの偶発的な力に頼りすぎているように思われる。そこで私的なエゴイズムが公的水準に転換されるというインプリケーションを念頭におきつつも、社会構造がたやすく転倒しない社会においてもこのことが成り立ちうるのか、ということを検討しなければならない。

動物化された社会と剝き出しの生

この「安定化」した私たちの社会で、法や制度に守られた人間像とは異なり、人間の存在自体がきわめて「動物化」された状態におかれることが常態化しつつある。第2章のはじめで先述したように、違法と不法を峻別することも、たやすく転倒しない社会のもつ性質に密接に関わってくる。というのも、違法行為は公準を侵犯しているかどうかが、法律の規則によって瞬時に判断されるからである。他方、不法な存在では、法の適用可能性が閉ざされるためにその存在をめぐる判断に大幅な時間が費やされる。アガンベンは、「産業化された諸国が今日直面しているのは、市民ではない定住民からなる大衆であり、彼らは国籍を取得することも本国に送還されることもできず、またそれを望みもしない。市民 citizen という概念が近代国家の政治的・社会的現実を叙述するのに不適切なものになっている」（アガンベン 2000：31）と現代社会を診断している。

そこで彼は「市民 citizen」という語彙ではなく、「人民 people」という言葉に着目する。通常人民という言葉は、普通の一般の人びとを指すが、近代ヨーロッパにおいてはそれとは異なる系統をもつ。つまり「この語が常に、貧民、恵まれないもの、排除されたものをも指しているという事実である。すなわち、同じひとつの語が構成的な政治主体を名指すと同時に、権利上はともかく事実上は、政治から排除されている階級をも名指している」（同上：35）のである。彼は後者の意味での人民を「ホモ・サケル」（＝聖なる人間）と名づけ、それらの人民を2つの「法」から排除された存在だと位置づけた。そして、そのような人びとを生み出していく社会メカニズムは、近代の隘路であるとともに帰結でもあると論じている。

ここでの2つの法とは、「世俗」と「宗教」である。ホモ・サケルは、世俗の法には適用されない存在であるという意味において、殺害されても処罰されない「被殺害可能性」である。つまり、人間の世界から除外されているのである。しかし、その殺害は、今村が『排除の構造』（今村 1992）のなかで描き出したように、スケープゴートというほかの対象と交換する価値のあるものを手に入れるための意味さえもなく、「被犠牲化不可能性」でもある。つまり、供物にもならないという意味で神の世界からも棄てられている。人間でも神でもありえないまま、たな晒しにされ放置され動物化された「剝き出しの生」（動物）として、ホモ・サケルは存在する。

具体的には、難民・不法滞在・不法占拠・ホームレス・ストリートチルドレン・脳死患者・エイズ患者など法（例）外状態におかれている人びとを指すことになる。しかもこうした人びとが例外ではなく、むしろ「規範化」された恒常的な状態におかれているのである。それゆえに、きわめて特異な現象が転倒して、唯一の普遍的な（われわれ）問題となって眼前に迫ってくるのである。

「我々がふだん、人間の実存に割り当てているほとんどの権利と希望を奪われ、とはいえ、生物学的にはまだ生きている彼らは、生と死、内部と外部のあいだの限界地帯、もはや彼らが剝き出しの生でしかない限界地帯に身をおいていた。すなわち、死刑囚や収容所の住人は、ある意味では、気づかぬうちにホモ・サケル、つまり、殺人罪を犯さずに殺害できる生と同じものになっている」（アガンベン 2003：218）。

法（例）外状態へと人間存在の範囲が拡がった（ビエール 2002：202）ことが常態化し、「究極的には全市民が剥き出しの生へと還元される」（アガンベン 2000：137）方向性への描写は、かつてフーコーが近代社会を中世とは異なるかたちで描いた「生－政治」（権力機構による人間の自然な生を統治対象とする政治）の理論的布置の読み替えを要請する。つまり、アガンベンは「現代社会にあっては例外状態こそが基礎的な政治構造としてしだいに前景に現れ、ついには規則になろうと」（アガンベン 2003：32）しているという診断を行う。

私たちが全体としては取り込まれているが、気づかないままいつのまにか排除されているという構造的な問題である。アガンベンは法制度と生－政治のモデルには隠された交差が存在することを描き出した。それはフーコーが従来の法制度的モデルと生－政治とを切り離したのとは対照的である。したがって、包含的排除の構造における現象として立ち現れている「不法占拠」とは、私たちの外側に放り出された例外状態ではなく、内側に拡がる規範であると見ることができる。

「剝き出しの生」は法の外部にいるからこそ、もっとも法律の命令に晒されやすく、国家主権とじかに向き合うことになるのである（酒井 2001：385）。法の適用可能性が閉ざされている不法状態とは、法の抑制が効かず権力側の裁量にゆだねる部分が大きいだけに、より暴力が働きやすいことをも意味する。

寛容な正義

法の外部にたな晒しにされた状態、つまり「剝き出しの生」の条件下におかれている人びとがつくり出す正義は、対抗的公共圏を構成するような一枚岩的な「抵抗の主体」となるものではない。ナンシー・フレイザーの言葉を借りれば、それは、私たちが「中断された正義」に現在直面しているからである。中断された正義とは、文化的正義の理論（文化的な承認）と配分的正義の理論（社会富の再配分）との緊張関係およびジレンマにおかれている状態を指す（フレイザー 2003）。たとえば、ジェンダー論においては、再配分の論理は、ジェンダーそれ自体を廃止しようとするのに対して、承認の論理はジェンダーの文化的差異の特性それ自体に肯定的な価値を見いだそうとする。両者の主張には相反する社会的要請が含まれており、２つの要請は緊張関係にあり、干渉し合い、対立することもある。

フレイザーは、経済的な平等の実現を志向する再配分的正義理論だけでも、あるいは文化的表象を求める承認的正義理論だけでも、今日の世界における複雑化した不公正をとらえ、それを是正することは困難であると説き、２つの要請を統合していくような第三のアプローチの輪郭を提示しようとする（同上：10–1）。

「不法占拠」は、まさしく極限状態のような一時的な例外状態ではない。戻るべき定点が見定まらない、規範化された普遍的な問題である。この点を踏まえたとき、「剝き出しの生」のなかでどのように生活環境のための権利や「寛容な正義」が発生し、それがどのようにして文化的差異として承認されるのか。さらに、私的な生活が政治の世界で公共性として規定され、税や環境などの資源が再配分されうるのか、という点を政治の再焦点化として再考する必要も出てくるだろう。

このことを明らかにすることによって、法外として放置されてきた問題あるいは排除的な正義の行使に適切に向き合い、中断された社会的弱者の正義を超克するための第三のアプローチを、具体的に提示できるものと思われる。ただし、そのためには、「不法占拠」という複雑に絡み合った社会的背景や権力関係を具体的にひとつひとつていねいに解きほぐしながら考えることが緊要である。第3章以降で中村地区の「不法占拠」を解明していこう。

注

（1）「法は現在妥当する合法／不法―区別の連鎖のなかに、決疑的かつ反省的にあらゆる逸脱を吸収し、また社会の発展にたいしてそのつど適応しながら、みずからのポテンシャル（複雑性）を高めていく」（土方 2000：153）。法が現実に可変的に対応していく柔軟性をもっているという重要な指摘であるが、現実の社会を見渡したとき、法社会のなかに議論を押し込めている印象は拭えない。

（2）ハーバーマスに対するフレイザーの批判を引くかたちで、阿部潔は、「ブルジョア公共圏に潜む問題は、参加の同等性が法的・制度的に保証され、公的討論における自由・平等原則の適応範囲が、かつては排除されていた女性や労働者に拡大されることで解決されるような性格のものではない。つまり、量の問題（制度的・形式的な参加資格の付与）としてではなく質の問題（公的討論自体が持つ意味）として、ブルジョア公共圏に批判を加えるフレイザーの議論によれば、社会的不平等を〈括弧に入れる〉という発想そのものが、階級支配的な側面を含んだものなのである」と指摘している（阿部潔 1998：199）。

（3）「法システムの内部では、合法／不法の二項的図式化によって『法』に関わるすべての行為や出来事や状況が、いかなる条件の下で合法でありいかなる条件の下では不法であるような事態が排除される」（中野 1997：113）。中野は、法を「規範的閉鎖性」としてそれに外在させるかたちでの正義を「認知的開放性」と位置づけて、合法であるが不正であるような事態を正義に含み込ませる、卓抜な議論を展開している。
（4）法が脱構築可能であるというのは、法が一般的に脱構築可能であり、構築されたものであるからである。デリダによれば、実定法であろうと、成文法であろうと慣習法であろうと、「欽定法」であろうと「民主的」法であろうと、すべての法は歴史的に制定され「構築」された限りにおいて、逆に脱構築することが可能であるとする（高橋 2003：192）。
（5）脱構築は、「かもしれない」の位相を挿入することで、新しい出来事に応答しようとする（東 1998：56-7）。脱構築には2つの系譜があり、ハイデガーの影響を受けた「論理的―存在論的脱構築」とフロイトの影響を受けた「郵便的―精神分析的脱構築」である（同上：214-6）。前者は、不可能なものを単数化する否定神学的思考にもとづくものである一方、後者は、不可能なものの複数性に着目する郵便的思考である。
　東は現在漠然と「脱構築」と名指されているデリダ独特の哲学的―解釈学的方法論は、この両者の交差するところに成立していると見る。その結果、デリダの脱構築には、二重の挙措があることを指摘する。すなわち、脱構築的思考は古い二項対立（男／女、現前／不在等）の外に出るために、第一に一方の項を高位とするヒエラルヒー（位階秩序）を「転倒」し、第二にヒエラルヒーの場そのものの「位置ずらし」を行うという、二段階の作業を経なければならない（同上：296）。
（6）つねに特異な他者に関わり、唯一の状況において応答しようとする正義の要求と、たとえ個々の特殊な事例への適用を定めるにしても、必然的に一般的な（法という）形式をとらざるをえない法＝権利の存在をどのように両立させるのかという「正義の行為」と「正義の規則」との二律背反の要求は、矛盾をきたさない。なぜなら、正義のもつ特異性と普遍性の両立は不可能だから正義は達成されないのではなく、まさにその不可能性の経験こそ正義の経験そのものだという発想の逆転を、デリダは提起する。

脱構築は、伝統的「責任」概念の前提からみれば、「なんでもあり」の無責任の思想にみえるが、実際は反対で、「責任の一層の増大」が生じる。というのも、「ある決定が正しく責任あるためには、その決定はその固有の瞬間において、規則に従うと同時に無規則でなければならず、法を維持すると同時に、おのおのの事例ごとに法を再創出、再正当化すべく、法を破壊したり宙づりにしうるものでなければならない」からである（高橋 2003：204-12）。この正義と法の関係性については、本書の第4章で、国家による移転補償制度の適用の際に、特殊性と普遍性の相矛盾する要求をどのように両立させていくのかについて、具体的に考えたいと思う。

第3章　「不法占拠」の系譜学

1　「不法占拠」地域——兵庫県伊丹市中村地区

空港の中で暮らす

本書で取り上げる中村地区は、大阪国際空港（伊丹空港）の国有地の北西側にある、国内でも最大規模の「不法占拠」地域である（図1、2参照）。航空路の直下に当たり、飛行機の離着陸のたびに真上から頭を押さえつけられるように金属音が襲ってくる。耳をつんざくような爆音のなかで、在日韓国・朝鮮人の人びとが日々の暮らしを立てているのである。

誰もが知っている大阪国際空港、通称「伊丹空港」。大阪の中心部に近く、関西国際空港と比較して利便性が高いために多くの乗客が伊丹空港を利用する一方、一連の航空機の騒音裁判でも有名である。しかし、ふだん利用するその飛行場の「中」に、長年にわたって、日々の暮らしを立てている人びとがいることは、ほとんど知られていない。ここはいわゆる「不法占拠」地域である。このことは、一般の人びとだけでなく、研究者のあいだでさえ意外なほど知られていない。なぜであろうか。

まず、大きさでいうならば、日本でも最大規模の「不法占拠」地域である。３万４千平方メートルもの国有地に、１５９世帯、４０４人もの人びとが暮らしている(1)。住民の９割近くが在日朝鮮・韓国人の集落である。一方同じ「不法占拠」として全国的に有名なウトロ地区（京都府宇治市）があるが、そこは、約２万平方メートルの民有地に65世帯、約２００人が暮らしており、伊丹の「不法占拠」地域と比べると、およそ半分の規模である（第５章注２）。

全国的に知られているウトロと比べると、ここ伊丹の「不法占拠」地域は、規模や歴史的経緯という点からも問題が顕在化することはほとんどなかった。つまり、長らくたな晒しにされるかたちで、行政課題として「社会問題化」されてこなかったのである。

58（昭和33）年、大阪国際空港が米軍から日本政府に返還されたのち、旧運輸省が第一種空港として管理運営して以来、現在も国土交通省が直轄管理を行っている。単なる国有地という位置づけならば、まだ問題は単純であるともいえる。しかし、中村地区の一部は、図2を見てわかる通り、B滑走路から百メートル足らずの着陸帯の上にある。そのため、航空法に照らせば、中村地区がそこにあるために、空港が「欠損」していることになる。

なおこの国有地全体は、国土交通省が管理する土地である。そのうち大阪国際空港の空港用地を管理する航空局の行政財産分（23,738m^2）と、空港のすぐ脇を流れる猪名川の旧堤防などの河川用地を管理する河川局の行政財産分（10,544m^2）がそれぞれある（行政財産とは国有財産のうち公共に

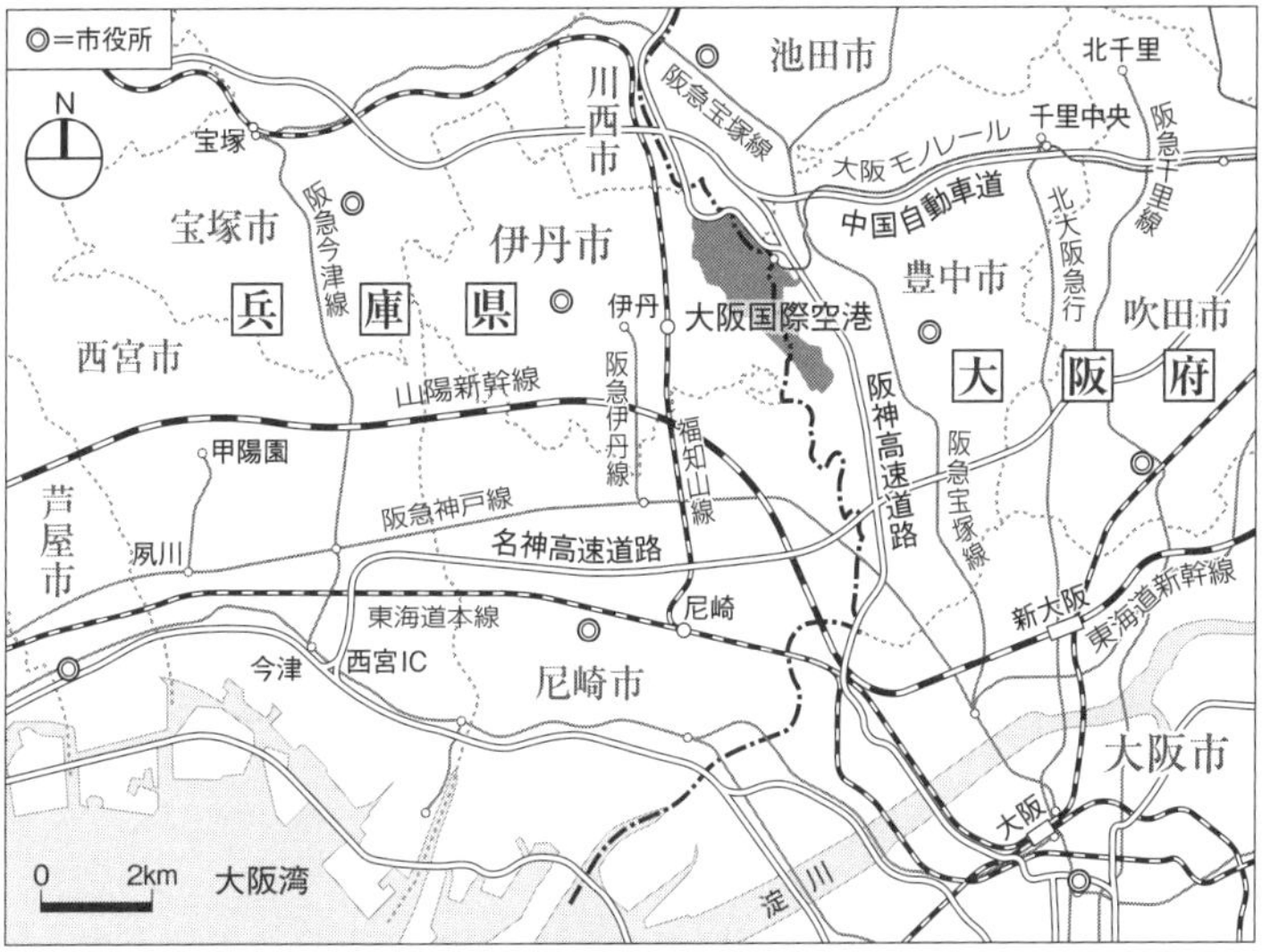

図1 大阪国際空港（伊丹空港）の位置図

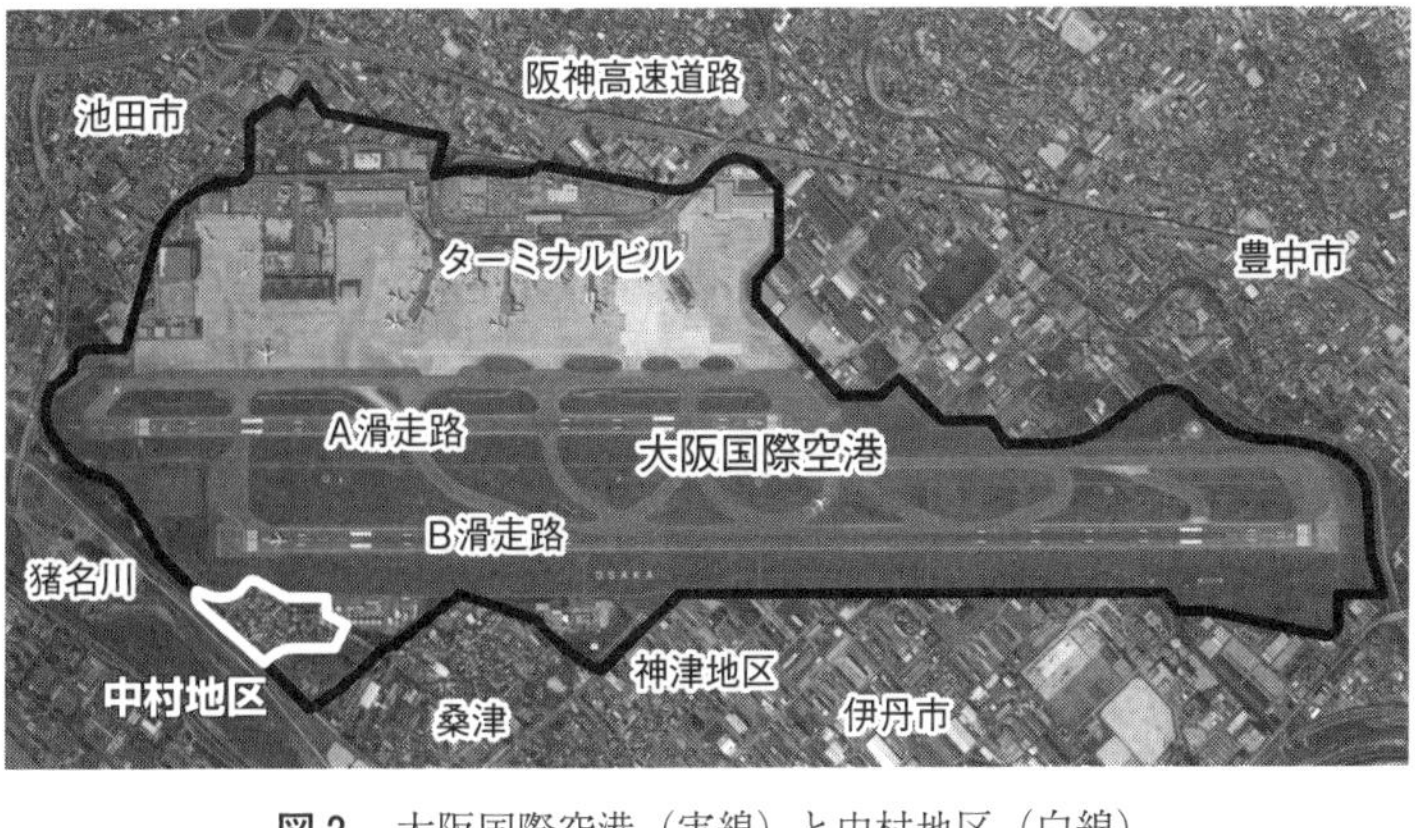

図2 大阪国際空港（実線）と中村地区（白線）
（出典）国土地理院空中写真より作成，2001年撮影

供するものを指す）。大阪国際空港には2本の滑走路があり、ひとつが1,828mのA滑走路、もうひとつが3,000mのB滑走路である。このうち後者のB滑走路が大阪国際空港の主力としての役割を果たしている。

通常の公共空間の利用と管理に関する理念からすれば、中村地区は、国有地という土地に関する法に抵触するだけでなく、航空法という行政財産に関する法律にも抵触する。そのため「不法占拠」の状態は一部において著しく法を逸脱した行為としてとらえられる。

職住一体型のコミュニティ

戦前の空港建設の時代に日本政府により強制連行された、または自由意志で建設に従事した人びとの宿舎（飯場）が設けられたことが、中村地区の始まりである。職業的な差別や共同住宅の入居拒否などの理由から、しかたなくここにバラック小屋を建てて暮らしはじめた人もいる。生活保護を受けていた世帯も少なからずあり、つねに貧困と隣合わせの生活を強いられてきた。

90（平成2）年の段階での年代別人口構成（図3）をみると、若年の年齢層から老年の年齢層まで万遍なく広がっていることがわかる。一口に「不法占拠」といっても、この地域には「家族」からなる社会集団が存在することがわかる。また、人口の推移（図4）を見ると、ピーク時は千人を超える人びとがこの地区に住んでいたことがわかる。逆にいえば、千人もの人びとを「不法占拠」地域が養うことができたということになる。

さらに、在住期間（図5）を見ても、20年以上居住している住民が7割にも上る。地区内には、

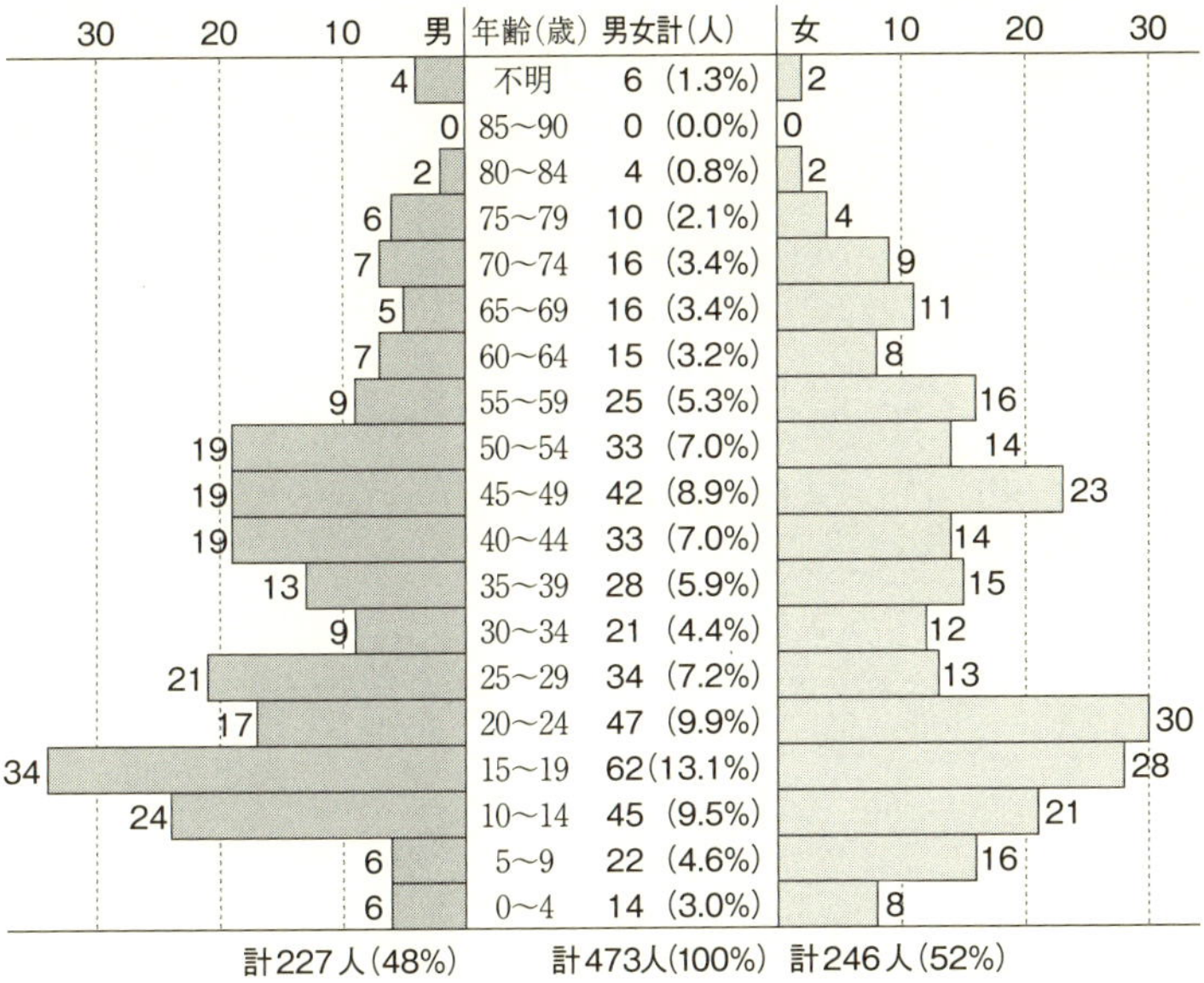

男 30	20	10	男	年齢(歳)	男女計(人)	女	10	20	30 女
			4	不明	6 (1.3%)	2			
			0	85〜90	0 (0.0%)	0			
			2	80〜84	4 (0.8%)	2			
			6	75〜79	10 (2.1%)	4			
			7	70〜74	16 (3.4%)	9			
			5	65〜69	16 (3.4%)	11			
			7	60〜64	15 (3.2%)	8			
			9	55〜59	25 (5.3%)	16			
		19		50〜54	33 (7.0%)	14			
		19		45〜49	42 (8.9%)			23	
		19		40〜44	33 (7.0%)	14			
		13		35〜39	28 (5.9%)	15			
		9		30〜34	21 (4.4%)	12			
	21			25〜29	34 (7.2%)	13			
	17			20〜24	47 (9.9%)			30	
34				15〜19	62 (13.1%)			28	
	24			10〜14	45 (9.5%)		21		
			6	5〜9	22 (4.6%)	16			
			6	0〜4	14 (3.0%)	8			

計227人(48%) 　　　計473人(100%)　　計246人(52%)

図3　年齢・男女別人口構成
（出典）中村自治会「地区調査」1990年（伊丹市協力）

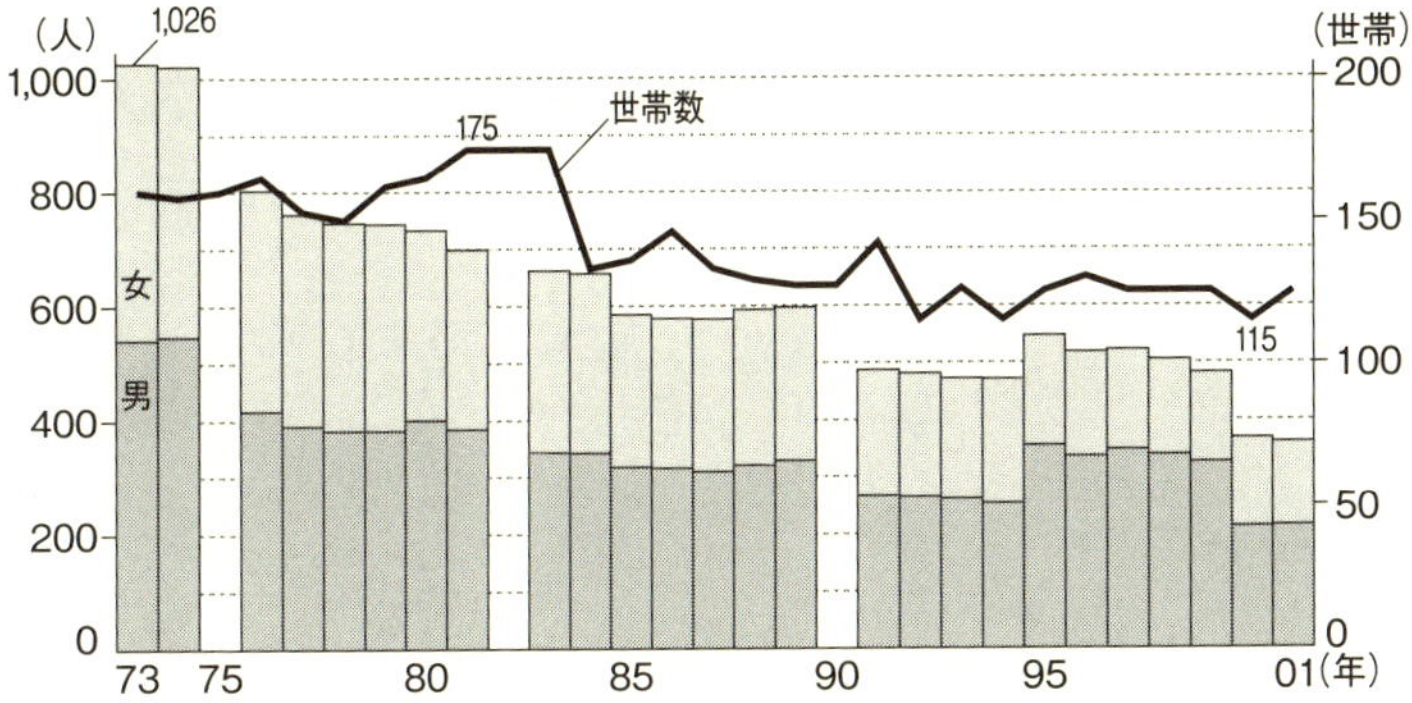

図4　人口・世帯数の推移
（出典）住民基本台帳より作成

58の事業所（図6）があり、土木建築業が21事業所、大規模リサイクル業が15事業所（紙・鉄屑・布）、後は飲食店や美容室といった商業・サービス業などを展開している。建物については、建設労働者などの飯場を含めて208棟ある。用途別に分類すると、専用住宅が102棟、共同住宅が19棟、事業所専用・併用住宅が87棟である。上水道および電気の供給、電話線の架設、生活上必要なライフラインやゴミ収集など行政サービスは進んでいる一方で、いまだ下水道敷設や防音対策は講じられていないのが現状である。環境としては劣悪であるにもかかわらず、居住意志（図8）を見ると、その大半が現地である中村に居住したいという結果となっている。

2　「不法占拠」と在日

「不法占拠」はフリーライダーか

ところで、「不法占拠」は傍若無人な行為といえるのか。この問いから本節を始めてみたい。一般的なイメージでいえば、「不法占拠」は身勝手な行為と映るだろう。ある研究者から、「もってのほか」だという言葉が返ってきたこともある。これが法律に照らした時のありふれた見方ではないだろうか。

もちろん、不法占拠は「盗人猛々しい」ととらえることも可能であろう。実際に、中村地区の人びとがこのような否定的な受け止め方をされた経験は、調査などで耳にすることがしばしばあった。それは、私たちはきちんと税金を納めたり家賃を払っていたりするのに、なぜあの人たちのみ国有地を

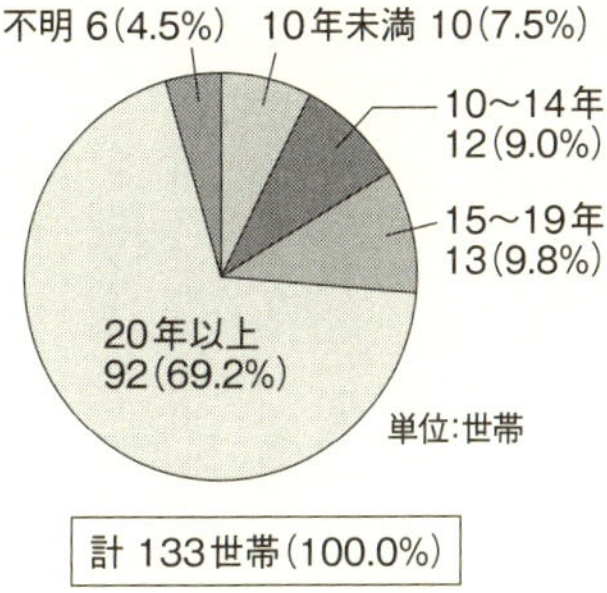

図５　在住期間

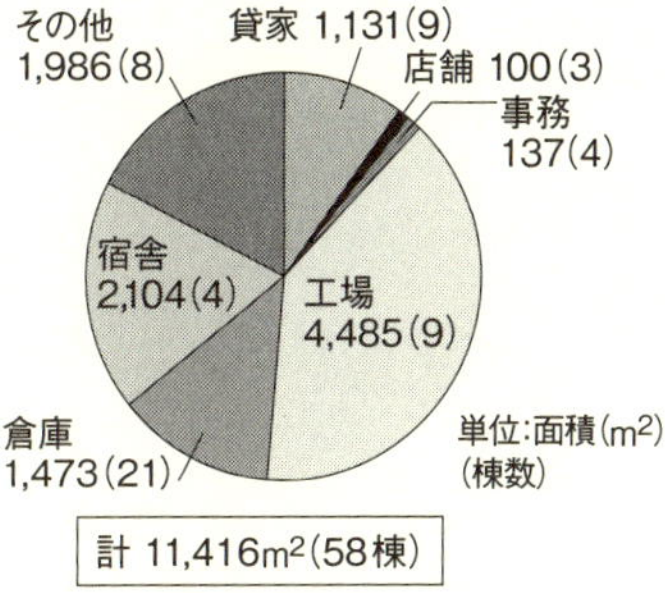

図６　事業所の建物利用形態

（注）工場のうち２棟 350m² が地域外居住者，そのほかはすべて持家居住者の建物

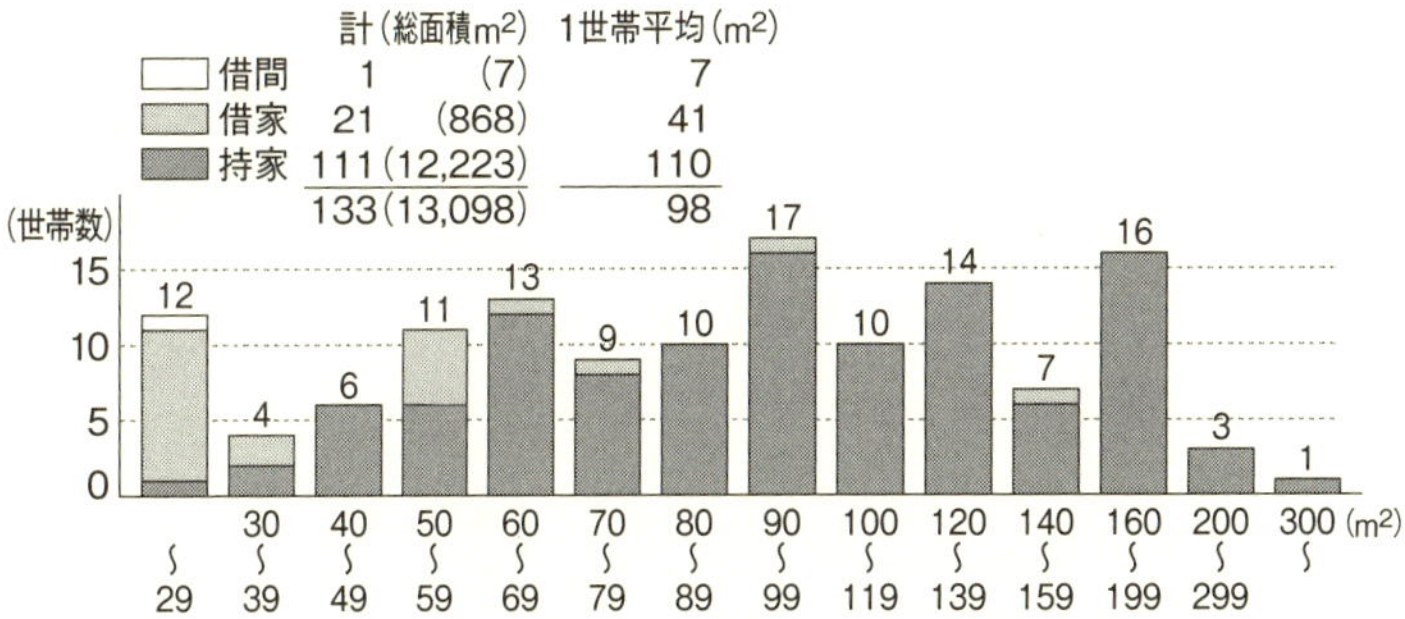

図７　建物面積別居住形態と１世帯当たり面積

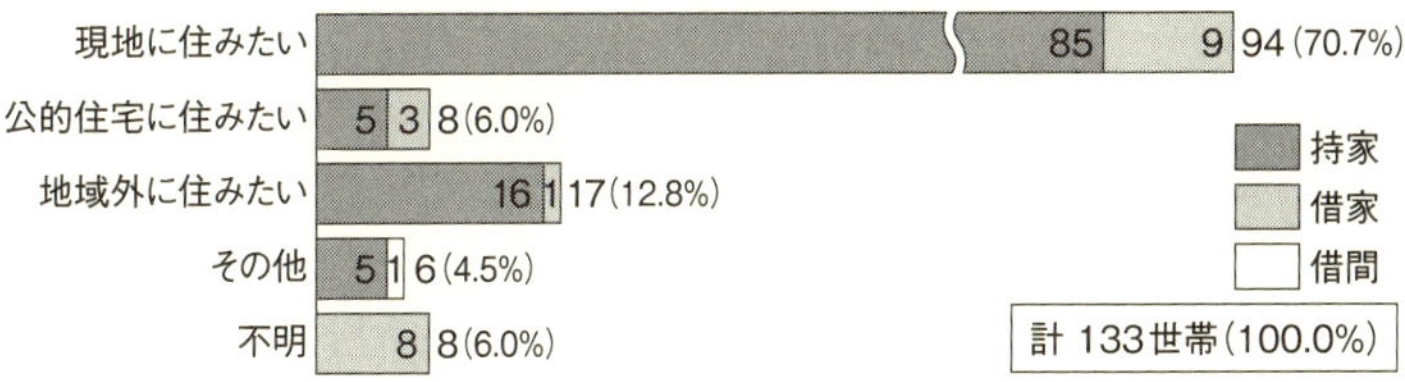

図８　居住形態別居住意志

図５～８　（出典）中村自治会「地区調査」1990 年（伊丹市協力）

占有することが許されるのか、という不公平感に端を発するものである。いわゆるフリーライダー問題として社会科学でしばしば取り上げられる事象である。費用を負担せずに公共財を消費する場合、その当事者はフリーライダーとしてスティグマ化される。

しかしながら、このフリーライダー論は、「ある社会的な前提」を括弧に入れることによって、公明正大なルールを絶対化し、そのもとで逸脱者を際立たせる役割を果たしてきた。ここでの社会的な前提となる与件は、誰しもが経済的・文化的な格差や差異を覆い隠し、万人があたかも均質な社会にプレイヤーとして属していると見なすことである。そうした場合、そもそも誰もが同じスタート地点に立てるのだろうか、という問いかけをする必要性が出てくる。

たとえば、社会学者の稲葉奈々子は、90年代末のフランスで起こったホームレスのブラック・アフリカ系移民家族による空家の占拠、失業者による「雇用占拠」や「公共交通占拠」を通じた行為を、持たざる者によるある種の集約された技法（「社会的排除と闘う目的をもつ価値ある行為」）であると分析している（稲葉 2002：168）。すなわち、家のない者の空家占拠や失業者がスーパーのレジで人手が不足しているところで勝手に働く雇用占拠などは、運動の参加者の現状と要求を公共空間において可視化することで、貧困層がアピールする有効な表現手段なのである。

モーラル・エコノミー

また、ルールとは異なるところである現実が発生したとき、そこに「正統性」を見いだすものとして、社会史のなかには「モーラル・エコノミー」という考え方がある（スコット 1999）。歴史を振り返れば、いつの時代においても群衆などによる略奪や暴動など、社会的にみれば明らかにモーラル・ハザード（破局）状況が存在する。最近でいえば、イラク戦争直後の民衆による略奪やインドネシアでの暴動など、パニックの様子がマスコミによってセンセーショナルに報じられた。だが、もしこうした略奪や暴動行為にも合理的な側面があるとすれば、それはいったいどのような意味をもつのだろうか？ 私たちのイメージのなかには、暴動や略奪は倫理的な基準（モーラル）からまったくかけ離れた情動的なイメージとして映りがちである。

しかし、社会史の研究者は、具体的な運動の歴史を繙くなかで、暴動や略奪を徹底的に「肯定」したとすれば、そこにはどのような人びとの理屈とそれを肯定する論理や根拠があるのだろうかと考えた。そして暴動や略奪の際に人びとがむやみやたらに商品を奪い取っていくのではなく、ときには自分の身銭を切って、商品を買い取る人びとが少なからずいたという事実を発見する。この奇妙で「上品な」暴動をする人びとをどのように位置づければよいのか。女子どもを問わずなぎ倒して商品を強奪していく「フリーライダー」像とはあまりにもかけ離れている。

そこで研究者はこういう事実から、実はもっとも無秩序な状態においてさえ、ある種の秩序立った社会がつくられているのではないか、これをモーラルと呼べば、具体的な現実において人びとがどのようなものを大切なこととして行動しているのか、という人びとの「価値」の分析が可能であると考えた。そして、一人ではなく、多くの人びとに共通に見られる特徴として描いていったのである。「利潤の最大化」をモデルにおく経済学（エコノミー）とは異なる原理（＝人びとが公正と考える基準）で示そうとしたのが、モーラル・エコノミーという考え方である。たとえば、

「パンの公正な価格について、民衆の間に共通の認識があったからこそ、それを無視された時に、モーラルな憤激が高まり、マーケットの占拠が起きたのである。『このパターンの行動の中心となったのは、食糧倉庫の略奪とか、穀物や小麦粉を盗むことではなく、価格を設定する行動だった』。騒動に加わった者が市場価格の代わりに、彼らが公正だと考えた額を支払ったのは珍しいことではなかった」（スコット 1999：201）(2)。

このように、人びとが生活のなかでこれは正しいと思ったその考えを「モーラル」とおけば、ここでの「モーラル」概念は、周りから一方的に定義される「ルール」（倫理）ではなく、自分たち当事者が大切にしていたり、正しいと考えたりしている「掟」（不文律）なのだということになる。

在日と「不法占拠」との結びつき

では、「不法占拠」をこのような集合的な視点から考えたとき、個人がまったくフリーな状態で環境の良好な場所を占有しているのかというと、そうではないことに気づかされる。日本に限らずアジア地域を見回してみても、河川敷やゴミ処分場、空港敷地といった公有地（国有地・市有地）、しかも環境が劣悪で、普通の人びとが決して住まないような土地を、一定の貧困層（日本の場合は在日韓国・朝鮮人）が占有している事例がほとんどである。

「おのずからこのような朝鮮人の吹きだまりである集落が、１９２０年代から全国各地に分布するようになった。貧困と不衛生と、文字を読めない人びとが寄り添う朝鮮人スラムの生活空間は、かれらに対する日本人の偏見を拡大再生産する物的根拠となった。日本人の親たちが子どもたちに、朝鮮人スラムに近寄るな、その子どもたちと遊ぶな、と偏見と嫌悪とを植え付ける格好の見本となった」（姜在彦 2002）。

朝鮮史研究の姜在彦は、上記のように「不法占拠」を特徴づけていたバラック小屋が、在日と不法占拠を強く結びつける何よりの物的証拠であるという。不法占拠と在日を直接関係づけるような客観的なデータは、存在しにくい。「不法占拠」ゆえに、もとより当局は調べる必要もないからである。けれども、日本人の目に焼きつけられたバラック小屋は、在日と「不法占拠」とを結びつける証拠として衆目の一致するところとなっていた。こうした主観的な「事実」からは、日本において在日朝鮮人と「不法占拠」が切っても切れない関係で結ばれ、在日朝鮮人がある劣位な構造的位置におかれていたことが推察される。想像を絶するような艱難辛苦の日々を生き抜いてきた数百世帯規模の「在日」が、肩を寄せ合うように粗末なバラックの集落を形成せざるをえなかったのである。これが当時、「在日」として生きるために唯一残された技法であったといってもよい。

「在日」の歴史的変遷

しかしなぜ在日韓国・朝鮮人の人びとの存在は、スラムや「不法占拠」という社会的現象として現出せざるをえないのだろうか？　そこには日本の国家政策が大きく関係している。以下、「在日」百年の歴史を簡潔かつ明瞭に描いている姜在彦の論考を参考に、「在日」の歴史的変遷について順を追

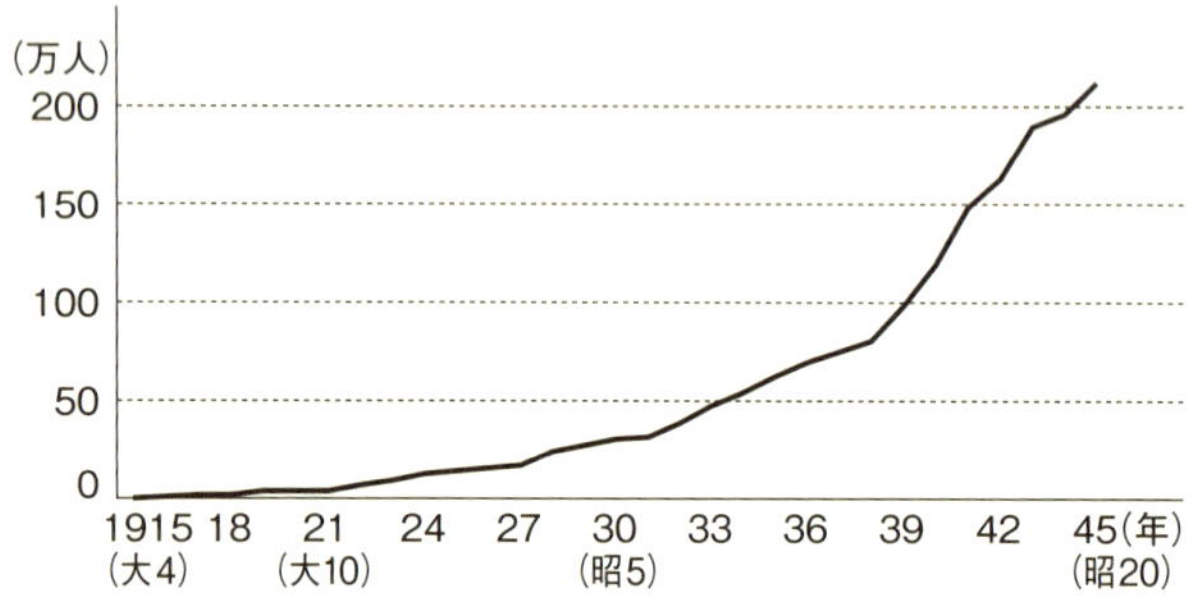

図9　在日朝鮮人の人口動態（1915〜45年）
（出典）内務省警保局統計。姜（2002：154）より筆者作成

って見てみよう。

まず、姜は在日朝鮮人の起点を10（明治43）年の日本による「韓国併合」におく。もちろん、「併合」以前から日本各地の鉄道や水力発電所などの工事に朝鮮人労働者が従事していたのも事実であるが、それまでは１８９９（明治32）年の勅令２３２号が朝鮮人・中国人労働者の入国を原則的に許可していなかったため、一過的な現象であったと考える。

在日朝鮮人が日本社会のなかで定住しはじめるのは、日本による植民地支配期に戦争景気によって労働力が払底し、ブローカーが半島での労働者募集を行ってからである。図９に見られるように、「併合」直後は４千人であった在日労働者が、20（大正９）年には３万人、30（昭和５）年には30万人に達している。その理由としては、朝鮮半島からのプッシュ要因として植民地支配期における朝鮮農村の地主―小作関係がある。18（大正７）年の統計によれば、全農家の３・３％の地主のもとで、37・６％の農家が小作農、39・３％の農家が自作兼小作農である。在日朝鮮人が日本に渡航する以前、半島においては、彼らの８割以上が農民であったという。一方、日本側からのプル要因として、日本人労働者も忌み嫌う底辺労働分野に、低賃金労働者が必要とされた。ここまでは、植民地「併合」によって渡航の往来が自由となり、朝鮮と日本（本土）という需要側と供給側の思惑がいびつなかたちで一致していく、ある種の「自然」な人口動態としてとらえることができる。

だが、図を見ると一目瞭然のように、39（昭和14）年以降、加速度的な増加をたどっている。それは前者の自然増に対してより「人為」的な要因によるものである。日本政府によって38（昭和13）年4月に国家総動員法が公布される。そして、39（昭和14）年9月から開始した日本（本土）への集団的労働動員にもとづいて、いわゆる強制連行が実行されていく。日中戦争が泥沼化し、日本（本土）の中堅労働力が兵力として動員された結果、それを埋め合わせるために自主渡航による労働者に加え、強制連行が行われたのである。

初期の「募集」方式から、42（昭和17）年2月からの「官斡旋」方式、44（昭和19）年9月からの「徴用」方式へと変わるが、官憲の介入により労働者本人の意思を無視して強制連行がなされていったことが、数字に表れている。39～45年までに強制連行された66万7千人余りの大半が、炭坑、金属鉱山の地下労働をはじめ、土木建築などの非常に危険で過酷な重労働に配置された。中村地区の聞き取りにおいても、もともと九州の炭坑労働に従事していた経歴をもつ人が少なくない。

二重の社会的剝奪

45（昭和20）年に終戦を迎え、従属的な植民地政策から半島は解放されるが、半島出身者たちが帰国を阻まれる事態が即座に勃発する。その理由のひとつは、48（昭和23）年に大韓民国と朝鮮民主主義共和国が分断し、50（昭和25）年の朝鮮戦争に突入したことである。もうひとつの理由は、帰国者に対して持ち帰りの通貨（千円以下）と荷物（２５０ポンド以下）など、厳しい制限が加えられたことである。これらの政治的・経済的混乱が生じることによって、在日日数が長く、故郷（朝鮮半島）に生活基盤のない在日朝鮮人の帰国は不可能になったのだという。そうかといって、在日は決して優遇されたのではないことは誰しもが知るところである。

かつて韓国「併合」とともに日本国民となった在日は、47（昭和22）年に「外国人登録令」(3)により、外国人として扱われ、52（昭和27）年サンフランシスコ講和条約の発効により、日本国籍を喪失し、外国人登録証への指紋押捺とその常時携帯および呈示を義務づけられた。在日を日本国内法が定める諸権利から制度的に排除する法的根拠として「国籍条項」が利用された。資料によると、彼女ら彼らに、「国民」健康保険への加入が認められるのは、86（昭和61）年になってからのことである。日本国籍を取得していない人びとが公営住宅に入居することができるようになったのは、国際人権規約が批准された79（昭和54）年のことである。住宅金融公庫における融資も、外国人には門戸が開かれなかった。在日は政治的にも経済的にも保障されなかった(4)。

在日韓国・朝鮮人がスラムや不法占拠という社会的現象として現出せざるをえないという背景には、二重の合法化による絶対的な社会的剝奪（無権利状態）がある。わかりやすくいえば、占領時代に労働力として在日を「日本国民」に扱った政策と、今度は反対に荷厄介な在日を「外国人」として切り捨てる政策、この2つの巧妙に仕組まれた政策の結果として、「不法占拠」が構築され（生み出され）ているのである。このことは、在日の身体に記憶として色濃く刻み込まれている。中村の住民のＣさんは次のように言う。

「自分でいつも思うことは、むこう（韓国）で、あんたらの名字ほおりなさい（捨てなさい）、お前らしきたりほおりなさい、そいで日本の人について来い、そんで私覚えたことがあるさかい、『我ら、皇国臣民なり。私どもは、大日本帝国の臣民であります』……保険納めるとかなんとか65歳なったら（年金）もらえるように、無理して掛けようと思ったらね、あの掛けられへん。それなんですよ、言うたらあんたら外国人やさかい。日本の人について来い言うたのに、ここ（日本）来ても、外国の人や言うて掛けられない言うて。もうひとつ意味わかったことは、私ら登録手続きで、ハンコ押すでしょ、手でこう押すでしょ」（Ｃさん）。

ここでは、日本政府の政策の内容を知りたいのではない。通常「不法占拠」というフリーライダー現象は個人の問題に帰着される。しかし、中村地区の場合、在日をめぐるよりマクロな構造として「不法占拠」が規定されていることを確認することに主眼をおく。平たくいえば、なぜ「不法占拠」を構成する属性が日本人ではなく、「在日韓国・朝鮮人」なのかという疑問である。これは、ルールを逸脱している人びとがいるのではなく、ルールによって逸脱を余儀なくされた人びとが生み出されているという、日本社会の構造上の問題をまず認識として共有しておく必要がある。

しかし、そうした現状にもかかわらず、指紋押捺拒否などがマスメディアによってセンセーショナルに伝えられると、公正なルールに逸脱している人びとという単純なイメージが形成され、在日の実在への意味付与のしかたが社会的に固定化され、パターン化されていく。そうなると、在日を違法な実在と見なし、結果として就職差別や入居拒否などで「不法占拠」に押し出すことにつながる。このようにして見てくると、「在日」による集住地区が「不法」に形成されていくことは、むしろ必然であるという印象を強くもつ。

3 「不法占拠」の構築と脱構築

「不法」を問い直す

前節ではマクロな視点から、なぜ在日が「不法占拠」せざるをえない状況に追い込まれるのかという構造的な問題に迫った。そのなかで、中村地区における「不法占拠」の状況は、法を著しく逸脱した「正しくない」ふるまいとして見られる。しかも、中村地区に向けられた不正のイメージは、「不法」という法律的な根拠をもって、確かなイメージとして定着しているようである。

本節では、行政が判断する大前提となっている「不法」占拠そのものが、どのようなかたちで立ち現れてくるのかを、中村地区の火災と国による排除の動きを手がかりに具体的に明らかにしていく。というのも、この「不法占拠」の構築プロセスを丹念に記述することが、「不法占拠」の脱構築の鍵になると考えるからである。

では、何ゆえに「正しくない」ものの脱構築が必要とされているのだろうか?

行政によってしばしば行われる強制的な排除などの手法は、「不法」という名のもとに「やむをえない」ものとして広範な支持を集めてきた。たとえば、近年日本各地の公園などの公共空間におけるホームレス（「不法占拠」）に対する強制退去がそれである。その一方で、公園をペットなどの空間（たとえばドッグラン）として整備しているところも出てきている。公園という公共空間の利用目的にふさわしくないという点から、人間の排除が躊躇なく行われていく。このように法律的な「正しさ」から、「不法なるもの」を一括りにして人びとを排除することが当たり前のこととされる。ここにまず疑問をさしはさんでみたいのである。

「法律＝（唯一）正しい」という近代社会の「奇妙な」結びつきをいちど絶ち切ることで、法とは異なる水準の「正しさ」の可能性を探ってみたい。たしかに、法はある事象について正しいか／正しくないかを判定する。それに対して、本節では、ある物事が「不法」（＝正しくない）と考えられるようになったのはいつからなのか、ということを問う。そのように問うことで、これまで不問にされてきた差別のしくみ（構造的差別と呼ぶ）(5)を明示的に記述することを目論んでいる。

異次元の世界に出くわす

中村地区における「不法占拠」の状況は、どのような経緯をたどって構築されたのだろうか。実は、このような問いかけは、調査がある程度終わった段階ではじめて可能となる。というのも、当初、「不法占拠」は動かしがたい事実だとわたしも考えていたからである。そのような認識をもって調査を進めていくと、ある日、「違和感」にぶつかることとなった。地元の人たちの聞き取りをきっかけとして調査過程のなかで導かれていった先にあったのは、「不法占拠」がなかば不法ではないという「驚き」であった。この「驚き」から出発し、本節では、私たちが思い描く「不法」イメージが覆されていくプロセスを通して、「不法占拠」の脱構築を試みたいと思う。

この中村という土地にわたしが入ったきっかけは、まったくの偶然だった。そこが「不法占拠」であると知ったのも、後日、新聞を通してである。

空港の騒音問題を調査研究するためにフィールド（調査地）を探していたわたしは、何の情報もなく、ただ自転車をこいで空港周辺を回っていた。そして、中村地区に入った瞬間、「なんだ、この異次元の空間は」と、肌がふるえるような感覚に襲われた。一瞬金縛りのような状態になったのである。古着や空き缶が山のように積まれていて、明らかに周囲の風景とは異なっていた。わたしがこのとき出会った「異様な光景」は、「不法占拠」という言葉で回収しつくされるものではない。しかしわたしは、これまで体験したことのなかったその光景を、なんとか自分のなかで解釈し、自分なりに理解しようとしていた。しかし、いくら努力してもよくわからない毎日の繰り返しであった。

調査を進めるなかである種のジレンマに陥ったとき、新聞をめくっていて中村地区が「不法占拠」地域であることを知った。このとき、わたしは「異様な光景」を一瞬にして理解できたような感覚にとらえられ、妙に安堵したことを覚えている。しかし、このとき、一時の安堵を求めて、「不法占拠」という四文字に飛びついてしまったことによって、以後しばらくのあいだ、わたしはこのラベルにとらわれることになったのである。

航空写真と「生きられた」空間

「不法」という認識のもとに地元の人たちに聞き取りを進めていくなかで、ある日、「おかしいですよね。土地を買った人もいるし、あんまり『不法、不法』というものだから、一度自治会で何筆か登記簿をとったことがあるんです」という語りに出くわした。わたしが、「不法占拠」地域とされている中村地区に対して「あれっ」と不思議に思いはじめたのは、この頃である。どうもある時点から急に、「不法」が声高に叫ばれるようになったらしいこと、そして、住民たちはそうした批判を必ずしも受け入れてはおらず、「不法ではない」とさえ考えていることが徐々にわかってきた。

そこで、そのことをきちんと確かめようと思ったのだが、関連する資料には限界があった。もちろん、土地の登記簿を調べればわかる。しかし、登記をしたそれ以前にも人びとが住んでいたということになれば、登記簿から得られる情報にも限界がある。あるいは、「中村はむかし地図に載らなかったのよ」という語りからもわかるように、かつて中村地区は行政から認知されていない空白地帯であったのも事実である。さらに、後述するように、当初は生きていくのに精一杯な状態で毎日を送っていたことから、地元の人が昔の写真を持っていることさえも稀であった。

このような調査の行き詰まりのなかで、皮肉なことに中村地区が空港用地であったという事実が、私たちに幸運をもたらした。というのも、空港は有事の際の軍事拠点でもあるので、国家レベルでみた重要度がほかの地域に比べて高く、終戦直後から航空写真が逐一撮影されて国に保存されていたのである。そのとき、空港から中村をみれば、逆に「不法占拠」の成り立ちを明らかにできるのではないか、とわたしは考えた。航空写真を用いた調査には当初考えもしなかった「副産物」があることにも次第に気づかされることとなる。

一枚の航空写真そのものは、上空から地上を一方向的に切り取った、動かしがたいデータである。

ただし、この「空間軸」の指標は、都市計画道路の図面のように、現実の生活世界をバーチャルな世界に置き換えることを可能にする。この航空写真の特質を利用して、わたしは「時間軸」として航空写真を利用するために、聞き取りの現場に持ち込んでみた。すると、一見バーチャルな世界から、法律には書かれていない「生きられた」空間をリアルに再現できることがわかった。そして、航空写真をメインにして調査を進めた結果、いわゆる「不法占拠」とは異なる実態が浮かび上がってきたのである。その一連の流れを、次に見ていこう。

「不法占拠」と知の転倒

まず、図10にある01年現在の航空写真を見てみよう。白線で囲った内側の部分が空港用地すなわち国有地である。その空港用地のなかにすっぽり中村地区（点線）が入る。わずかの隙間もなく住宅や事業所などがひしめきあって建っている。ただし、このような風景は、中村における70年の歴史のなかでも、ここ40年ほどのあいだに起きた変化である。つまり、わたしが中村地区に対してもっている「不法」イメージは、高度経済成長期に入ってからつくり出されたものなのである。次に見るように64（昭和39）年になって、国が中村の存在を「問題」として認識した結果、わたしが当初とらわれたような「不法占拠」のイメージが生み出されることになる。すなわち、人びとの実際の実態や動向とは切り離された「不法占拠」の土地が、あたかも人びとが住みはじめるよりもはるか昔から国の所有地としてあり、それを無理やり占拠されたかのような、国による「正統化」がはかられていったのである。その起点となっていくのが、64年に旧中村地区を解村として、70（昭和45）年の大阪万国博覧

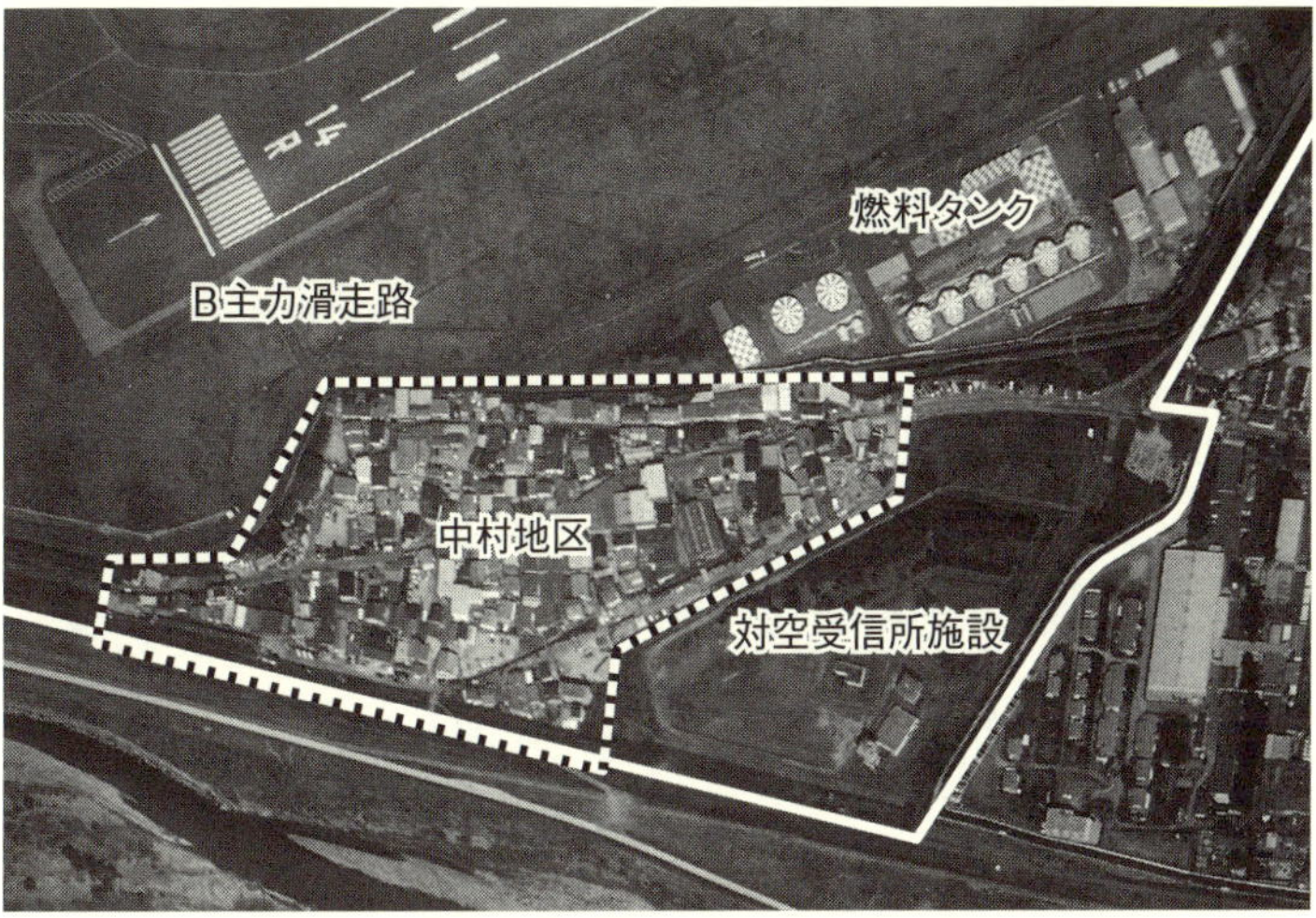

図10 大阪国際空港用地（白線）と中村地区（点線）
（出典）図２と同じ （注）対空受信所施設は跡地となり，共同住宅が建設された。
白線，点線にはフェンスが張られている。

会開催に合わせて行われた空港拡張（同年３月Ｂ滑走路供用開始）である。

このような「不法占拠」に関する知の転倒を考えるようになったきっかけは、地元の人から話を聞いたことにある。「はじめ数世帯でその時ほとんどが畑だった。その畑を安く手に入れて、小屋みたいなものを建てたものが、どんどん増えて、いまは百世帯を越えた。これが中村のいきさつである」。では、「なぜ国はそれまで『不法占拠（状態）』を放置しておいたのか」、あるいは逆に「なぜ急に『不法占拠』がクローズアップされるようになったのか」。さまざまな疑問が思い浮かぶ。地元の住民の言葉は、長いあいだきちんとしたかたちで法律が適用されたり、運用されたりしてこなかったのではないかという想像を膨らませるのに十分なものであった。すなわち、中村における「不法占拠」は、登記簿のうえからも、また実態のうえからも、「後々」つくり出されたという側面をもつのではないかということである。

「不法占拠」の構築

そこで、なぜ「不法占拠」が、急にクローズアップされるようになったのかを調べてみることにした。するとそれは、国による排除の2つの動きと密接に絡んでいることがわかった。排除の理由のひとつは、この時期に中村地区の度重なる火災によって、空港の運用に支障が出はじめたことである。もうひとつは、本格的な大型ジェット機の運航と大阪万博開幕の時期に合わせてB滑走路が建設され、中村地区のすぐ近くまで迫ってきたことである。

中村地区の火災は、記録に残されているだけでも、表1に見るように毎年のように発生している。ときには、火災の火の粉が約1キロ離れた全日空の格納庫近くまで飛び、空港の敷芝を点々と燃やすこともあった。その結果、滑走路を一時的に閉鎖する事態がたびたび起こった。

このような事態に対して、「公共の福祉」に反しているとして、国（旧運輸省）は具体的な「不法占拠」の排除の動きに出る。くわえて、近畿管区行政監察局（旧大蔵省）は、土地を管理している大阪航空局（旧運輸省）と近畿地方建設局（旧建設省）に対し、「財産管理がルーズだ。撤去などの対策を講じるべきだ」という警告を通達している（朝日新聞大阪版、70年6月28日朝刊、図11左）。国は、「火災」や「事故」というリスクを根拠として、「不法占拠」地域を一掃するための準備を進める。建物がなくなれば占有（居住）の事実は消滅する。そこで、国は「登記簿」（＝法律）にもと

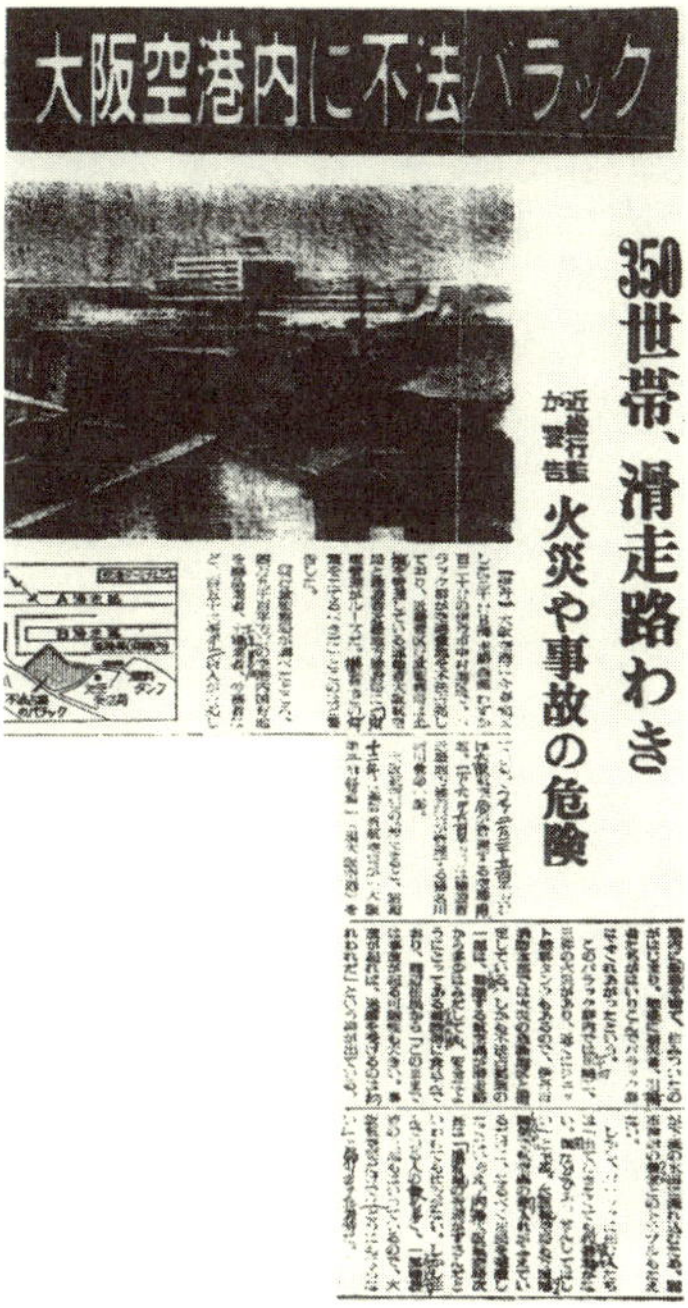

大阪空港内に不法バラック

350世帯、滑走路わき

近畿行監が警告

火災や事故の危険

滑走路煙攻め

大阪空港近く、民家焼け

ものすごい黒煙の中、大阪国際空港Ａ滑走路を飛立つ全日空機

図11　中村地区火災を報じる新聞記事

（左）「大阪空港内に不法バラック」「350 世帯，滑走路わき」朝日新聞 1970 年６月 28 日朝刊

（右）「滑走路煙攻め　大阪空港近く，民家焼け」「ものすごい黒煙の中，大阪国際空港Ａ滑走路を飛立つ全日空機」毎日新聞 1971 年３月 28 日朝刊

表１　中村地区の火災棟数と面積

年	月	棟数	面積（m^2）
64（昭和39）		22	約500
70（昭和45）	6	10	約1100
71（昭和46）	3	21	約1500
	4	24	
	8	3	
76（昭和51）	6	4	
	7	6	約180
	8	1	
	12	1	

（出典）伊丹市資料より作成

づいてその土地に対する権利を主張しはじめる。当時の新聞をめくると、「大阪空港内に不法バラック」（図11・朝日新聞：同上）という見出しもある。このなかでは、住民を排除する理屈として、はじめて「不法占拠」のラベルが前面に持ち出されることになる。

排除の具体策としては、火災で焼け落ちた敷地を囲むように杭を立てて有刺鉄線を張りめぐらせる。そして、何ヵ所かに「ここは国有地であり、一切の工作物及び建築物を禁ずる」という看板を立てる。さらには、「家屋等再建築の禁止」についての内容証明郵便を被災した住民に送る。また、有刺鉄線を張る際にも、住民に手出しができないように、警察官が空港職員の作業班を護衛するかたちで、日中4回も巡回する。

強制排除にあたって、国は巧妙である。建物が焼失した直後に住民を排除する場合と、建物が現存している状態で住民を排除する場合では、排除の手段についての法的な意味合いが異なってくる。後者の場合、どんな粗末な建物であれ、現物として存在する以上、行政代執行などの法的な「手続き」を踏まなければならない。だが、このような大々的な「排除」の手段は、広範な世間の注目を集めることになる。「強制連行」という過去の経緯をマスコミなどに公表されることによって、国際的な問題にも発展しかねない。そうなると、この政策に対する、国民の広範かつ多数の支持、つまり〝正統性〟（レジティマシー）は得られない状況さえ考えられる。

また、機動隊などを使って中村地区を本格的に強制排除するような手段はとられなかった。この点に関して、住民は次のように述べる。「伊丹（大阪国際空港）と関空（関西国際空港）とでいえば、関空の方がランク上や。ここ（中村）で問題起こしてみい、役人の出世を閉ざすことになる。いまのままで問題ないのに、わざわざ問題起こす必要はないやん」。たしかに、中村は国にとって目の上のタンコブであるが、本格的に対策をとるには、住民が言うようにリスクが大きすぎるだろう。とすれば、結果として、国は住民が生活していること自体をしぶしぶ認めざるをえなくなる。

もちろんその前に国は、火災直後に住民を排除する手段として、現実的な方策を用いた。まず「排除」というニュアンスを消し去る必要があった。そのように段階を踏んで足元を固めておけば、たとえそれが社会的な問題に発展するようなことになったとしても、国がこの土地（焼け跡）を「空港用地」として管理するのは当然の義務である、という「正当」な主張が可能となる。その際根拠となってくるのが、「不法占拠」というラベルである。というのも、このラベルを用いることによって、新たな法律を適用せずに実質的な「排除」が可能となるからである。その意味において、先述したように、この問題は「社会問題」として表面化しにくかったといえるだろう。火災によって家屋などが焼失し、焼け出された住民の不幸は、国にとって排除を実行するよい機会となったのである。

本節では、「『不法占拠』ではない」という住民の言葉に寄り添って、中村地区が「正しくない」と考えられるようになったのはいつからなのか、という問いを発した。「不法占拠」の構築化の記述は、たんに時系列にその成立過程を描き出すだけにとどまらない。「不法占拠ではない」のではないかという、「不法占拠」そのものを脱構築し、法律とは異なる「正しさ」を探るためのヒントも提供してくれるものとなりうるだろう。

4 「不法占拠」の系譜学

今回、取り上げた中村地区の「不法占拠」には、多様に構築されてきたという側面が少なからずあることを、系譜学というアプローチを用いて明らかにしてみたい。系譜学的手法とは、おもにフーコーやニーチェが用いてきた現在性の歴史を明らかにする手法である。そして、系譜学とは、ある現象を規定するような本質的な特徴をその歴史のなかに継続的にたどっていけば、何らかのたったひとつの統合的な地点にまで行きつくような、単一で自然の、絶対的な出発点に向かうような歴史の記述を明確に「否定」する（ゴイス 2004：xii）。このような意味においては、これから述べる中村の起点もまた、人びとがかこつけるための正統性の原点であるが、絶対的なスタート地点ではないといえる。

系譜学が関心を向ける過去とは、「生きている」過去である。完結した「死んだ」過去ではなく、現在という現実の実際的な部分をいまだに構成している過去を対象とし、旧きものがたんに忘却され完全に消却されるのではなく、修正されたかたちで引き継がれ、保存されているものである（同上：xiii）。ここでの記述は現在の中村地区の「不法占拠」という社会的な関係性を連綿としてつくり出している過去を対象として描き出す試みである。

大阪第二飛行場の建設

見渡す限り水田が続く肥沃な大農村地帯であった伊丹市神津地域に、36（昭和11）年、いまの大阪国際空港の前身である大阪第二飛行場がつくられる。16万坪もの敷地のほとんどが、中村を含む4つの集落に属していた。なお、ここで中村という部落名は、64（昭和39）年まで現在のB滑走路の辺りにあった日本人集落（以下「旧中村」と呼ぶ）を指す（図12上方）。旧中村からみて、現在の中村地区は、墓地や竹薮が生い茂るような土地であった。昔の絵図をみても、現在の中村は旧中村集落にとって、田畑に適さないような流作場（河川敷）もしくは牛を飼う場所であった。

飛行場用地の買収・整備・建設については、「旧逓信省」の委託工事として兵庫県が受け持ち、委託契約書の調印が交わされる。このとき、旧中村の全耕地46町歩のうち36町歩が失われることになる。38（昭和13）年の暮れには、南北に680メートルの滑走路とそれに45度の角度で接する東北―西南方向に830メートルの滑走路2本を備えた「イ」字型の飛行場が完成する。

ところが、完成したばかりの新飛行場は、すでに時代遅れのものとなる。そこで、時代に即応した大阪大飛行場を建設するための促進大会が開かれ、「第二飛行場」とは別に新空港を建設する動議が出される。だが政府は、当時の第二飛行場自体を「拡張」する方針を固め、39（昭和14）年秋にはその実施計画ができ上がる。ただし、第二飛行場を3倍強に拡張するための敷地を確保し、それを整備するための労働力および飯場（建設宿舎）が必要となる。そのための土地は、登記簿上では、40（昭和15）年、旧逓信省が現在の中村地区の「3分の2」にあたる土地を買収することで確保されている。これは、飛行場建設労働者を住まわせる飯場（当時工飯と呼ばれたものを翌41〔昭和16〕年3月に設置）の土地を含めた空港用地を確保するための、「正式」な土地買収である。この時点では、人びとは土地に関して国策上「合法」なかたちで住んでいたことになる。したがって、「不法占拠」ではない。

さらに、労働力も「合法」化されていく。国家総動員法（38年）にもとづく国民徴用令（翌39年）の公布の頃を境にして、朝鮮人の寄留届出が大幅に増加している。彼らの多くは、おもに中村地区の飯場で建設作業に従事することになる。現在空港敷地内にある「不法占拠」地域は、もともと飛行場建設のための飯場であった。そのため、この地区から飛行場建設現場まで、作業用のトロッコを転がすための線路を敷き、地区と飛行場との境界を標すものは何もなかった。すなわち、土地の所有者である国（旧逓信省航空局）は、明確な意図をもって、多くの朝鮮・韓国人労働者をそこに住まわせていたのである。

「イタミ・ベース」

45（昭和20）年8月に終戦を迎える。それと同時に、朝鮮半島が日本国から解放される。しかし、中村の住民からみれば、これはたんに実質的な支配権が日本からアメリカに移行する変化にすぎない。同年9月にはアメリカ第六軍は伊丹飛行場を「イタミ・ベース」（伊丹基地）として接収するが、この接収が行われるまで、空港は野放し状態になる。住民のなかには自由に飛行場内に入って、日本軍が置いていった金属類やメチルアルコールなどを拾って生活の糧にしている者もいた。そのようにして、一時期自由に入ることができた空港も、米軍によって中村地区の住民を含めてまるごと接収される。

米軍は、空港に住民が立ち入れないようにフェンスを張りめぐらせた。これは、中村の住民にとっては予想外の出来事であった。「ここ（中村地区）に人が住んでいるので、無責任に飛行場の中に（住民が）入ってもいけないので（接収した時に米軍が）フェンスを張った」と住民は語る。米軍は住民を排除するのではなく、物理的に敷地を区分けするために、フェンスを張ったのである。

登記簿に照らせば、中村地区も空港用地であるので、地区を取り込むようにしてフェンスを張るのが普通である。ところが、米軍は中村地区に建物があり、人びとが実際に住んでいるという視覚情報にもとづいて、中村地区を外してフェンスを取りつけ、米兵が四六時中鉄砲を持って見張っていたという。理由はどうであれ、このことが、中村地区がそこを占有しつづけるためのひとつの既成事実となっていく。ただ、境界線上の敷地そのものは、実質的な管理をしていなかった可能性がある。というのも、背丈の高い草が生い茂っており、燃料を買うお金もなかった人びとは、監視の目をかいくぐり、空港内の草を炊事用の燃料として刈り取りにいくことができたというからである。

ここに、重層化された土地の関係が発生する。本来の土地の所有者である日本国の「意思」が介在しないところで、2つの占有状態が生まれる。ひとつは米軍の接収である。接収とは、権力機関がその必要上、強制的に人民の所有物を収受することである（広辞苑）。すなわち「実質支配」である。もうひとつは、中村地区の占有である。空港の拡張工事の後も、40年代年頃まで空港整備という名目で建設労働は引き続き行われた。したがって、国有地に住んではならないという所有者（国）の意思を、この時点で確認することはできない。そのため、「不法占拠」であるかどうかを同定することも難しい。治外法権のなかで、日本国がたとえ「不法占拠」状態をなくそうと企図したとしても、その権限をもち合わせていなかった。空港を管理する航空局自体が、GHQにより廃止されていたからである。

接収が終わるまでの13年間の「空白」期間は、「戦争が解除になった後ね、その時は私ら（中村に）来てもうだいぶ経って、この村もだいぶ人が入って来てね、バラックみたいなんをあっちに建ててこっちに建てた時代ですわ」（Jさん）と言うように、新たに居住する人を含めて、生活を築いていくための猶予期間につながった。その結果として、50（昭和25）年の時点で、40棟を数えるまでに家屋が増えている。

いつ登記されたのか？

58（昭和33）年、空港は米軍から返還された。それ以降、64（昭和39）年までの期間、国がほんとうに継続して空港用地を管理していたならば、火災によって空港が閉鎖になることもなかった。というのも、住民の話を聞いていると、「旧中村の解村（64年）以降頻繁に火災が起こるようになった」と彼ら彼女らが口々に言うからである。

前述のように、旧中村は、現在の中村を含むB滑走路の辺りにあった日本人集落である。しかし、空港の拡張に伴って、旧中村地区は解村に追い込まれた。住民のこのような語りは、いったい何を意味するのだろう。ここでは、次のように推測できるのではないだろうか。64（昭和39）年以前は、火災は少なかったたか、たとえあっても小規模であった。なぜなら、高度経済成長期以前は、中村地区の人口は少なかったからである。しかし、高度経済成長以降、急速に地区内の人口が増えたことによって、火災が頻発するようになったと。

住宅が1軒、2軒と、たんに建っているだけでは大きな出火には結びつかない。地域を巻き込むような大火は、住宅が「密集」しているために起こる。しかも、家の建材にベニヤ板やスレートなどの燃焼材が用いられており、仮に風呂の着火がベニヤの壁に燃え移ると、たちどころに家屋は全焼し、次々と隣家に類焼していく。したがって、火災の記録は、この時期に建築基準法を無視するかたちで急激に住宅が増えたことを示す証拠にもなる。本来国が管理すべき時期以降も人口が増え、火災が続発する事態になったのである。火災による空港閉鎖という実質的な弊害が生じた時にはじめて、国はそれまで「放置」してきた土地の「管理」をあわてて始める。中村に関する対策委員会を開いたのも、71（昭和46）年になってからのことである。

そこで次に筆者は法務局に行って、一筆ごとに登記簿を洗い出す作業に取りかかることになった。ただし、この作業には思いのほか手間取った。というのも、それは現在ある住宅などの建物の敷地とは無関係に、国の土地として登記されているからである。したがって旧町名を手がかりに、いつ国有地として登記されたのかを丹念につなぎ合わせる作業が求められたのである。そして、その作業を終えてから、航空写真と登記簿を比較検討しながら考えてみた。

人が住んだ後に「不法占拠」になる？

着目すべきは、中村地区の南方に位置する地域（東桑津池田川筋）の土地登記の時期である。調べてみると、国（旧運輸省）によって、73（昭和48）年3月13日に登記されていることがわかる。通常、「不法占拠」としては土地の所有権が国にあって、そのうえに人びとが住み着く例をイメージしやすい。しかし、中村地区の場合それが逆転してくるケースがある。まず、人びとのあいだで法律によらない土地の権利売買が行われ、その後に国が土地の所有権を登記している。その証拠として、国によって登記される直前の71（昭和46）年の航空写真（図12左）を見ると、すでに住宅や事業所が密集して建てられていることがわかる。

ところが、64（昭和39）年の航空写真（図12右）を同じように見ると、畑作地が点在していることがわかる。わずか7年間のあいだに、これまで見たような人口増加が生じた。その結果、国は73（昭和48）年に、土地の管理とは別に土地を実際に利用している人びとに対して何の断りもなく、あわてて登記したことになる（図13）。また、直接火災の被害に2回も遭った住民も、「2回目の火災（72年自宅焼失）は、焼失面積が大きいが、1回目の火災（58年自宅焼失）は、密集していなかったから、6軒（の焼失）で済んだ」と火災が小規模だったことを振り返る。

つまり人びとの実際の移住実態を踏まえ、人口の推移から考えると「不法占拠」は〝後から〟つくり出されたことになる。

「不法」だが、「不法ではなかった」時代？

そして今度は、国は登記簿にそって国有地の管理を始めた。では、それより以前になぜ国は、国有地をきちんとしたかたちで管理してこなかったのだろうか、という疑問がわく。言い換えれば、中村地区の土地の多くは、登記上「不法な」かたちで占拠されている一方で、国が管理していないという意味においては「不法ではなかった」期間がしばらく続いたのではないだろうか。この状態が今日の

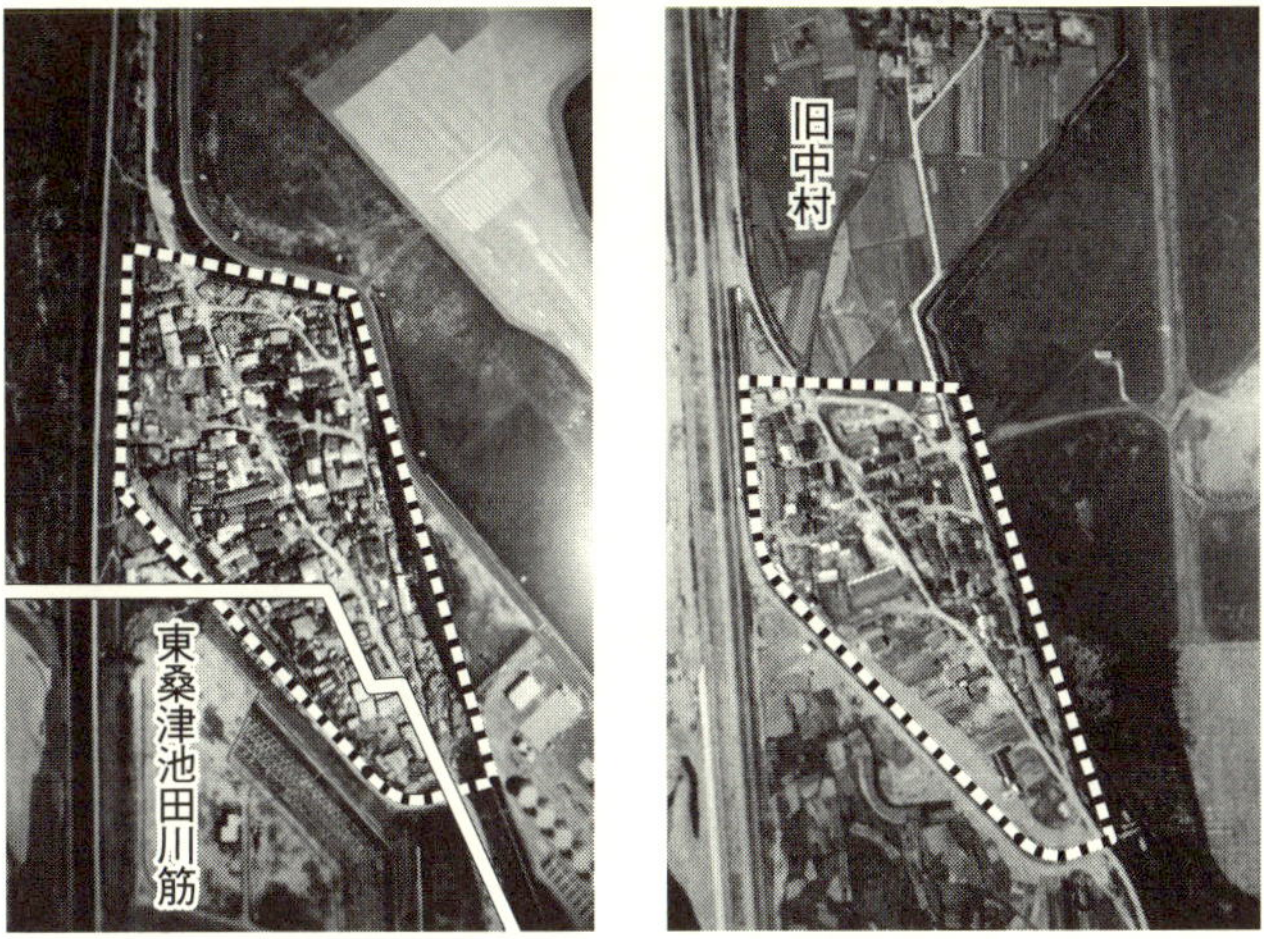

図12 中村地区の航空写真（点線）
（左）民家および事業所が密集する。東桑津池田川筋（白線）。1971 年
（右）旧中村解村直前。田畑が残存する。1964 年
（出典）国土地理院空中写真，各年撮影より作成

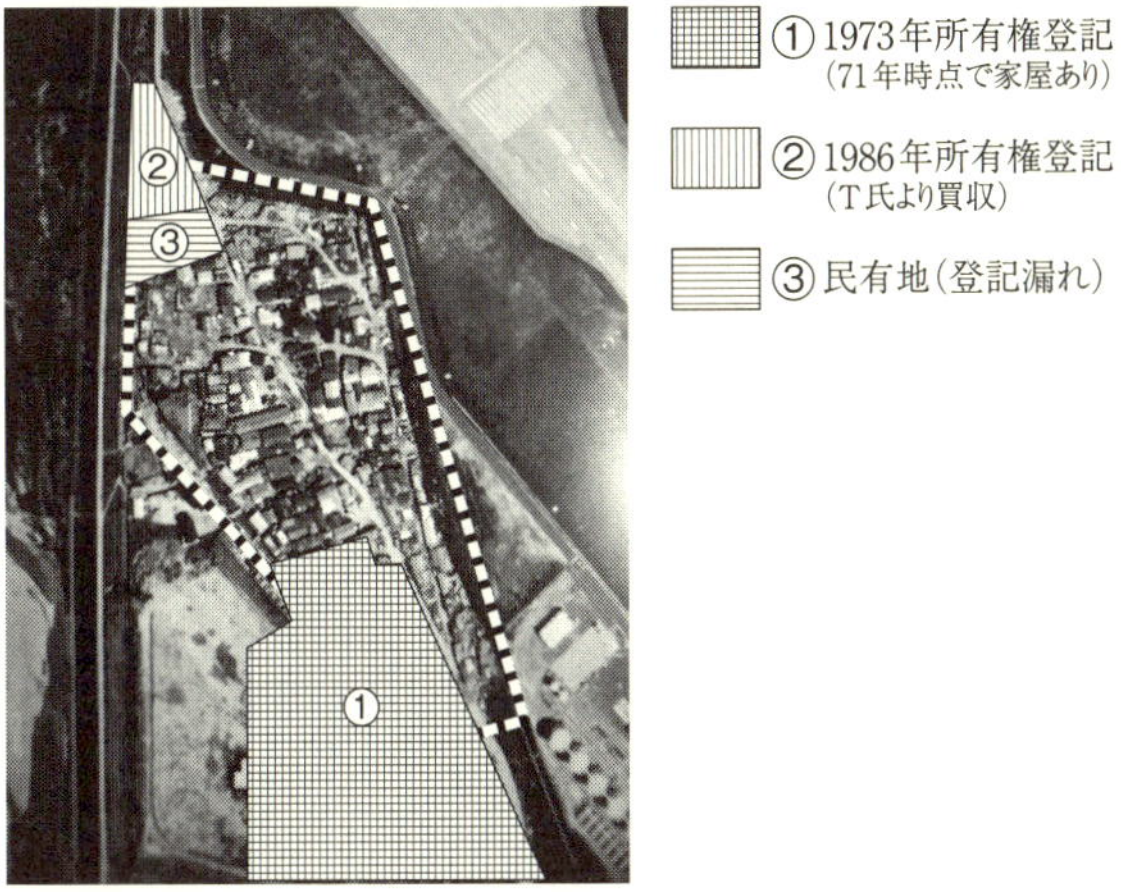

図13 中村地区の航空写真（点線）と国（旧運輸省）の土地登記
（出典）図６と同じ，1971 年

ように「不法占拠」をより複雑に、そして多義的なかたちにしたといえる。

58（昭和33）年、伊丹基地が米軍から返還され、当初は近畿圏唯一の空港として「大阪空港」が開港する。基地の返還に際して、中村地区に関しても迅速な対応をとらなかったことは、国側の怠慢といえる。その結果、具体的な対策がとられはじめるのは、返還からさらに13年経った71（昭和46）年のことである。同年、「中村問題対策連絡協議会」(6)が発足している。ただし、この時期に国が所有の意思を個々の住民に対して示していたかどうかは不明である。

このような流れの結果、「不法占拠」という言葉には多重の意味が込められることになる。つまり、自分の土地ではないが、かといって国側が明確に所有権を主張しているわけでもない、「曖昧な占有状態」（＝「不法占拠」）になるということである。したがって、返還後、まだ多くの畑が残っていた土地（図12を参照）も、国がきちんとした管理をしない結果、人口が「増加」していき、新たな建物が建ち、密集していくことになる。この人口の増加が法律的に「不法」でありながら、「不法ではない」状況を生み出していくことになる。

では、「不法ではない」状況とはどのような状態を指すのか。ここは国有地であるけれども、「住民が住んではいけない土地」というわけではない。かといって、住民が「ここが自分たちの土地である」という主張を国にしていくわけでもない。土地に対する権利の主張を双方が行わないために、中村地区の土地は、空港用地として管理されることも、住民が自分たちの私有地として国と法廷闘争にもつれ込むことも、これまでなかった。法律のレベルで「不法」であったとしても、社会関係のレベルでは「不正常」（伊丹市）なものとして、認知されてきたのである。その結果、中村という地域が、「不法占拠」として「社会問題化」する可能性は、ほかの「不法占拠」の地域に比べて低かったといえる。

「吹き溜まりみたいなのよ」

なぜ人びとは、土地に対する明確な権利主張を行わないのか。それは、中村地区に移り住んでくる人びとのほとんどが、経済的余力のない生活弱者だからである。住民の次のような発言には、それがよく表れている。

「吹き溜まりみたいなのよ、ここは。暮らすことができない人が、みんな（中村地区に）こぼれ落ちてきたのよ」。このような発言には、社会における経済的な貧困者を、この地区が積極的に受け入れてきたという〝正統性〟の根拠が含まれている。つまり、「不法占拠」という存在は、法律の俎上に載らないことに加えて、日本全国に浸透した土地の商品化という市場原理にもあてはまらない、特別な位置を占めているのである。ここでは具体的に、返還後移り住んできたＩさんの事例を取り上げ、どのような経緯でこの地区にやってきたのかを、ごく簡単に見ておこう。

Ｉさんは現在77歳で、この地区には空港返還２年後の60（昭和35）年に移り住んでから、47年をかぞえる。この集落に来る前は、大阪市内でスクラップ業を営んでいた。そこでは敷地百坪の土地の半分に鉄屑が山積みにされていて、朝鮮動乱の際に兵器のための鉄屑の需要がピークを迎え、１トン当たり３万８千円になる。ところが、朝鮮戦争が終結すると、たちまちその価格は１トン当たり５千円に暴落し、事実上事業に失敗する。結局、家を売り渡すことになり、手元に残ったのはわずか30万円だけであった。
そこで大阪府四条畷や能勢の山奥などに住むところを探しに行くが、見つからないままでいた。その折、伊丹空港の近くに安い土地があるということを知人から聞きつけた。狸や狐が出てきて気味が悪いという噂もあった。そのような条件の悪いところでもいいから場所を教えてくれということで、直接現地に出向き、いちおう自分の権利だと言っている人の土地を、ほんのわずかのお金で譲ってもらうことになった。

それから、家財道具一式と柱や古い廃材を担いできて家の基礎工事もせず、その辺りに落ちているレンガを20~30個拾ってきたのを底に敷き詰める、そして柱を立てスレートを屋根に据え、風で飛ばないように河原にある石をのせて夜を明かしたという。家を建てている最中にも、周りの人間から「国有地でいつ立ち退きがあるか分からないのにどうするのか」とか「家を建てても売れないぞ」と言われたそうである。しかし、一時住まいでも建てて住まなければ、生活できないし、ほかに行くあてもなかった。以後半世紀近く居住することになる。

Iさんのように、現状のままでは生活が立ちゆかない人たちが、親戚や友人というネットワークを通じて日本各地から、広島や沖縄、そして炭坑が閉山になり生活の糧をなくした九州・大牟田の炭坑のまちなどから、この地区へとやって来る。ほかの地域では礼金や敷金などが高額でアパートへの入居もできず、ときには入居差別にも会い、家族を抱えながらこの地域に住むことを選んでいる。

ここで確認できることは、「不法占拠」ということを周りから聞いて意識しながらも、具体的行為を規制するものではなかった、ということである。このようなことから、63(昭和38)年の空港拡張以前においては、滑走路に隣接していなかった国有地は適当に管理され、「放置」されていた実態があったといえよう。同時に、国が放置せざるをえない状況が、すでに返還の時点にあった。図12をみても、堤防をはさんで東側はある程度建物がすでに建っていることがわかる。これは、たとえ国が国有地（中村地区）を管理しようと思ってもできなかった、歴史的な「いたずら」から生じている。それが米軍による13年間の飛行場の接収である。

ドブロクづくり

この猶予期間に、中村地区の人びとはどのように暮らしを立てていたのだろうか？　そして、ここでの暮らしは、国に対してどのような意味をもたせることができるのだろうか？

米軍によって中村地区に捨てられる日常のゴミは、そこに暮らす住民にとって重要な生活の糧になっていたようである。残ったチューインガムなどは、子どもの好奇心の対象となった。段ボールや紙片なども、重要なリサイクル資源であった。そのほか残飯や捨てられた鶏のかたまりが、そのまま食卓に上ることも少なくなかったという。

この時期の中村地区は、ドブロクの密造や河川敷の砂利採取、および養豚を主な生活基盤としていた。密造酒、俗にいうドブロクは、清酒と同じ方法でつくる。麦やメリケン粉などを発酵させてアルコールを抜き、ドラム缶でつくった蒸留器にかけて精製する。それを薄めて焼酎や清酒のイミテーションヨン（一斗分で約40本2百円）として売り、生活の糧にする。もちろん、違法である。したがって、リヤカーを引いて子どもが警察の前を通るのは冷や汗ものである。たびたび警察の摘発を受けるが、

「事前」によその畑に穴を掘って酒を隠すことで、その都度難を免れた。そのとき、なぜ事前に情報を察知できるかというと、酒の好きな警官に情報をこっそり教えてもらうからである。また、酒の提供場所として、賭博所があった。土木作業が中止になる雨の日に土方の男たちが立ち寄り、酒をひっかけながら賭けるのである。いわゆる寺銭（博打で、所場代として出来高のいくらかを貸元に支払う）が一家の生活費にもなる。

それでもドブロク製造の器械自体は大きいものなので、警察に見つかると没収されることになるが、罪に問われることはない。一家に一台となると高価なためとても買うことができないので、近所同士で共同購入し共同作業場でドブロクをつくる。それが功を奏して、誰の器械かがわからなくなり、罰金を科すことができなくなるのだという。

砂利採取・養豚業

また、50（昭和25）年に勃発した朝鮮戦争によるコンクリートの特需に合わせて、とりわけ川底のバラスト（川砂）が重宝された。ドブロクづくりの後には、中村地区のすぐ傍らを流れる猪名川での砂利採取を生活の基盤とした時代が続く。これは、掘削機械もなく、手作業による過酷な重労働である。4メートルを超える竹竿の先に鎌のようなものを固定して、川底を浚っていく。今度はその石の混じった砂をモッコで担いで、網で濾してコンクリートに最適な粒子の細かい砂だけを取り出す。トラック一杯（約6百円）になるまで、一連の作業を朝から晩まで一家総出でこなしていかなければならない。もちろん、冬も氷を割って川に入らなければならない。それほど、生活が逼迫している現実があった。

養豚業も、中村地区の在日韓国・朝鮮人の典型的な職業である。子豚はこの当時約5千円で買い、半年かけて中村内で育て、3万円前後で出荷する。一苦労なのが豚の世話である。飼料が大量に必要となり、それを集めに回るのが子どもの役割である。

ある男性は、サッカーが好きでクラブ活動をしたかったが、家のために3年間、毎日授業が終わるとまっすぐ近隣のうどん屋まで豚のエサを取りに行っていた。うどんを炊き上げた汁の残りが、無償で豚の飼料になるからである。四斗樽（70キロ）2つをリヤカーに積んで、自転車で雨の日も風の日も毎日計140キロを引っ張る。途中急な坂があり、本人の体重より後ろの荷台の目方の方が重たいため、ブレーキをかけても、ズズーと引きずられてしまい、恐怖を覚えたという。いつもその坂を上りきれないので、弟に迎えに来てもらう。それほど過酷な重労働であった。ある日、そのうどん屋の職人さんが見かねて、うどんを一玉温めてソースをかけて食べさせてくれた。その味が40年以上たったいまでも忘れられない、と当時を振り返り、男性は弟に会うとそのことを話すという。

もぐりの歯医者

また違法な職業として、「もぐりの歯医者」もできた。Sさんのおじさんが、韓国の専門学校を出て歯医者を営んでいた。Sさんはその時に見よう見真似で技術を覚えたので、隣の住民との間に「新聞紙」を張っただけのバラックのなかで、試しに歯の抜けた人を「治療」してみせた。そのとき、見事に治療ができたことから、技術（腕）もあると評判になり、地区の人びとが「ああ、偉い人や、わしもしてくれ」という具合に治療に来るようになった。こうして出来合いの歯医者がムラに誕生する。

その後、Sさんは歯茎の色をつけるための薬品を買って歯をこしらえるようになった。当時1本作るのに4百円、3本で1千2百円にもなる。しかも地区の人びとは免許医のところに行くよりもはるかに少ない治療費で済む。Sさんは簡単に歯を作って儲けることができたので、あるとき誰かが警察に密告した。それは砂利採取など1日働いた分（せいぜい4百円）をわずか歯1本で稼ぐからであろう。

昼飯を食べようと思ったら、警察官が8人ほどSさんの家にやって来て、「失礼やけども、夕べ布団が盗まれたいうから、あんたが盗んだんじゃないけども、警察が調べてくれ、（近隣の住民が）言うもんやさかい、（Sさんの家に）来た」と嘘をついた。盗んだ覚えもないので「見てみいや」と言うと、警察が入ってきて片っ端から引き出しや押し入れを開き、一棚も残すことなくすべての収納物を引っ張り出す。もちろんSさんが布団を盗んだ事実などあるはずもなく、警察は足踏みミシンタイプの歯の治療道具だけを没収していく。

その後、Sさんは土木作業の仕事に就き、おもに猪名川の河川敷の砂利をとる許可証を西宮土木出張所で取得して、作業に従事することになった。

正統性の系譜

これらの生業は、すべて中村地区をおもな基盤として成り立っているものである。そこで実際に暮らしていることは、ゼロからの出発よりも既成事実としての重みをある程度もたせることができる。

火災が生じてもそこで暮らしを立てざるをえない意味において、人びとのあいだでは正当な理屈づけとなる。このような意味において、中村地区にはある程度の「正統性」が担保される。

ただし、ここで上げた中村地区としての正統性は、「不法占拠」に対抗できるような法律レベルの正統性として弱いように思える。しかし、この点に着目して注意深く人びとの語りを聞いていくと、「(在日) 1世が生きていれば……」とか、「もともと日本政府が連れてきたのが、ここ（中村）の始まりでしょ」という言葉がつねに出てくる。不思議なことである。戦前に親が住んでいてその子どもが語るのであれば合点もいく。しかしIさんのように多くの人びとは、戦後しばらくたって中村地区に入ってきているので、「戦前の人びと」とは関係として切れているはずである。けれども、この地区が抱えてきた経緯からみれば、戦前の人びとと自分たちはつながっていると地元の人たちは考えているのである。

現在、「不法占拠」とされている土地は当初から存在したのではなく、のちに国家の都合（建設終了＝契約解除）によって「不法占拠」に転化されたという経緯をもつ。

「中村は飛行場の仕事が始まるまでは川原に5、6軒の朝鮮人が住んでいただけだった。その辺りは一面竹やぶで、昼でもあまり人が通らん所じゃったよ。何年くらいやったかははっきり覚えとらんが、飛行場の仕事を請負っていた大日本土木の豊中出張所から大勢人夫を連れて来て、竹を切って大きな飯場を2棟建てましたよ。その飯場へ同胞をたくさん連れてきよったのをよう覚えとる」（T氏）（「兵庫と朝鮮人」1985）。

人びとの経験以前にある「起点」

当時の飯場の様子を聞き取りから再現していく。

そこには、比較的大きな長屋のバラック小屋（元は航空隊宿舎）が4棟あり、それぞれ堤防に近い2棟をH組、飛行場に近い2棟をK組（請負業者）が持っていた（図14）。ただし、板張りの床にムシロやゴザを敷き、壁はふすま1枚で、入口は屈まないと入れない状態である。住民は「豚小屋でもそんな小屋ないですよ」と当時を振り返る。その当時、そのバラック小屋に住んでいたRさんは、両親も含めて11人でひとつの小屋で生活していた。当初、2間を割り当てられたが、家族が増えるに従って手狭になる。都合よく飯場の横の土地がただ広くあいているのと、飯場を取り仕切る親方が何も言わないことをよいことに、「よその土地」であるのだが、そこに勝手に小屋を建てたのだという。そうして空港の拡張とともに自分たちの家も徐々に「拡張」（建て増し）されることになる。この飯場を「起点」にして、現在の中村地区は拡がっていくことになる。

そして、後から中村地区に入ってくる住民にとってもまた、旧中村の在日1世の住民を「起点」にして、「正統性」のイメージが膨らんでいくことになる。まとめると、中村の住民は自らを、在日朝鮮人が強制的に空港の建設労働に従事させられたという負（マイナス）のイメージに仮託する。そのことによって、集団的な権利が住民の正当な根拠として立ち現れる。ただし、それは多くの人びとが住む前からの「歴史」への「かこつけ」である。

他方、国は、あくまで法律に則った正（プラス）のイメージに自らを仮託する。そのことによって、土地の権利が正当なものとして立ち現れる。しかしそれは人びとが住んだ後に国が登記するとい

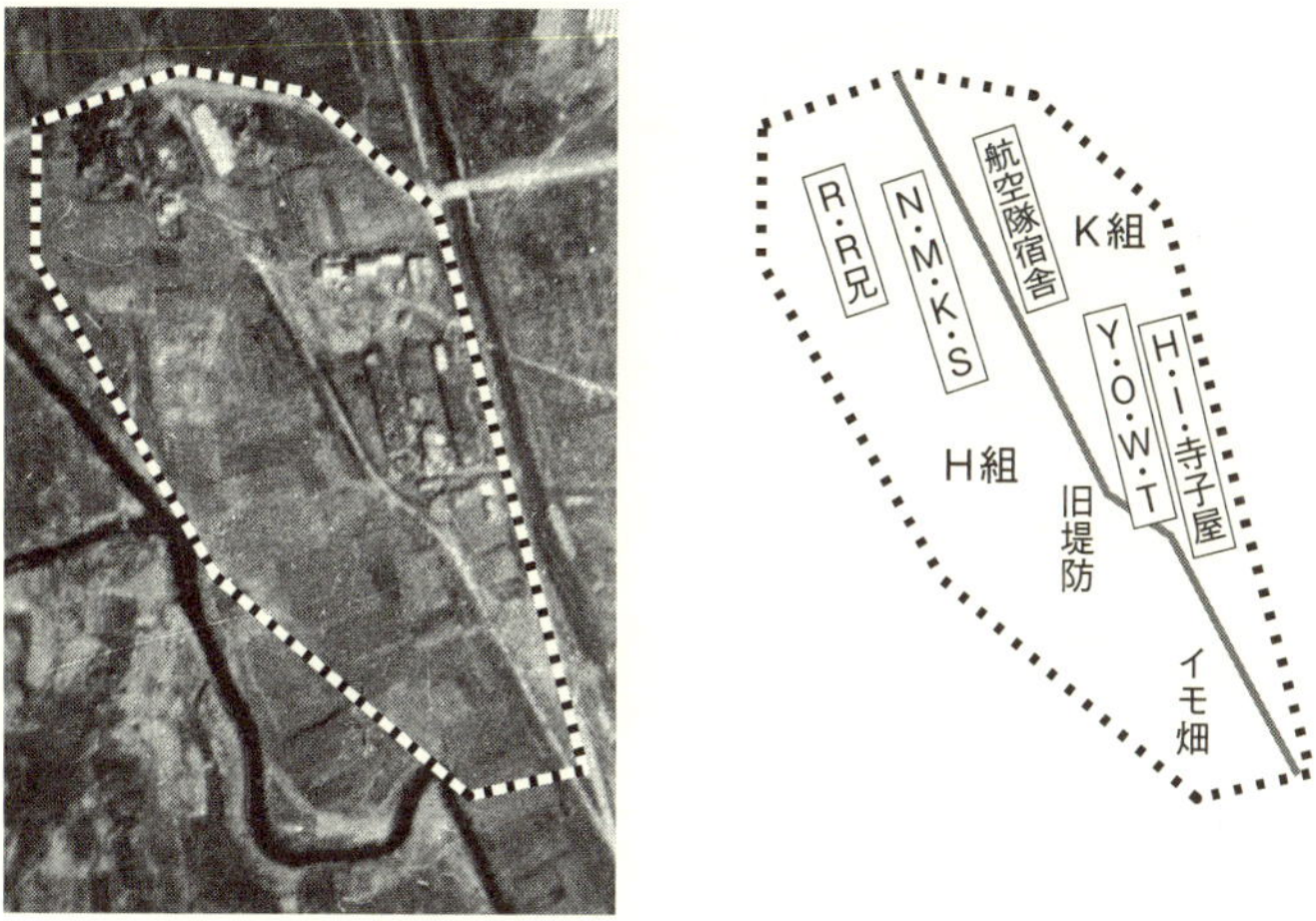

図14 中村地区の航空写真（点線）と飯場見取図
（左）1952年 （右）最初の飯場4棟と住民。聞き取りをもとに作成
（出典）図6と同じ，1952年

う「法」への付託でもある。こうした法に対する歴史のおき方は、一見するとわかりやすい。ただ一方で、この単純な図式は、対称的なもののなかにある〈非対称な隙間〉を見失ってしまうという効果ももつ。

負の歴史は、人びとが周りから「不法」であると見なされた際に、自分たちがかこつけることのできる「起点」となる。ただし、そのことですべてが明らかになるというわけではない。「不法占拠」の脱構築の試みは、法と歴史という「起点」の隙間に埋もれてしまったリアリティそのものを掘り起こす作業でもある。

まとめ

この節で「不法占拠」の成り立ちについて詳しく見てきた。ここでは、表2、図15を見ながら「不法占拠」の系譜学をまとめてみよう。「不法占拠」をめぐる国の対応を見ると、幾重にも上る

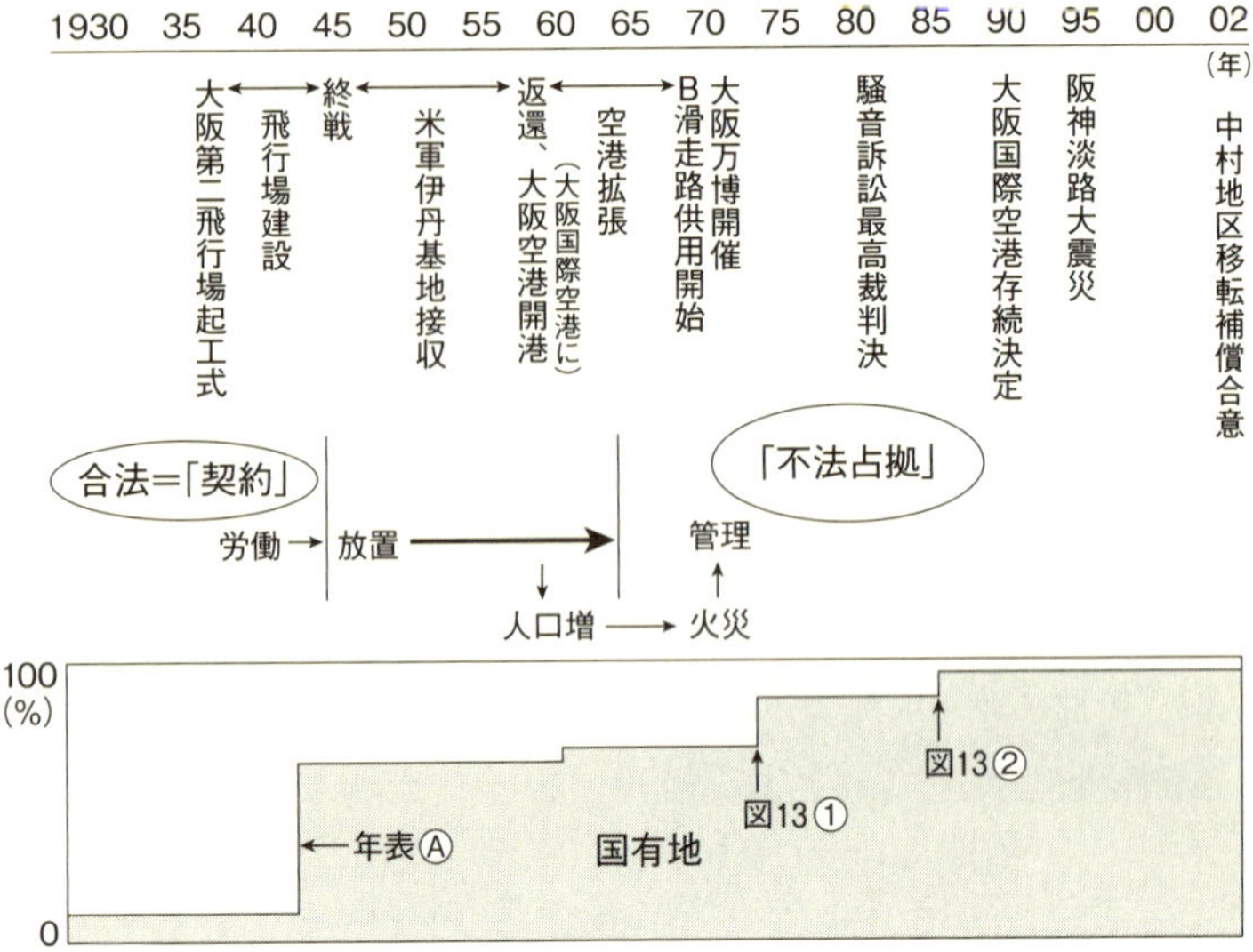

図15　中村地区の国有地割合の推移と「不法占拠」の発生

「不手際」がある。もちろん、こうした国の管理責任を問題として取り上げることにも、多少の意味はあるだろう。しかし、わたしがここで述べたいのは国による責任の所在の有無ではない。中村地区の事例は、「不法占拠」はもってのほかであるという価値判断をする前に、そもそも「不法占拠」がなぜ生じてきたのかという「系統的視点」を導入する余地が残されていることを示すものである。

仮に「不法占拠」を「平面的」なものと「立体的」なものに分けた場合、通例、国やマスコミが指す「不法占拠」とは、きわめて「平面的」な見方を指すことがわかってくる。この見方は、現在、登記簿にある「所有」のみを指して、そこから過去の土地に関する歴史を一切無効にし、現在の占有状態は「不法」であるという一律的な「神話」をつくり出す効果をもつ。場所性と歴史性を無

表2　中村地区年表

年	中村地区・空港をめぐる出来事	関連する出来事
1936(昭11)	神津村，飛行場予定地に決定　中村住民，通信省に特別補償を請願　大阪第二飛行場起工式	
1938(昭13)		国家総動員法公布
1939(昭14)	大阪第二飛行場開場式　飛行場拡張計画	国民徴用令実施，在日朝鮮人人口急増
1940(昭15)	通信省，中村字寺久保･柳井田を買収(現在の中村地区の約３分の２を登記)Ⓐ	
1941(昭16)	中村地区に計４棟の飯場設置	太平洋戦争開戦(第二次世界大戦)
1942(昭17)	軍用飛行場に転用	
1945(昭20)	米軍伊丹基地(イタミベース)接収	終戦
1947(昭22)	神津・中村・下河原三朝連統合，神津朝鮮人小学校開校	外国人登録令により在日の日本国籍離脱(翌日日本国憲法施行)
1948(昭23)		大韓民国・朝鮮民主主義人民共和国成立
1950(昭25)		朝鮮戦争勃発
1952(昭27)	伊丹市長，飛行場拡張反対意見書提出	サンフランシスコ講和条約発効により在日の日本国籍喪失 外国人登録法により指紋押捺開始
1953(昭28)	近畿財務局，米軍立会いのもと飛行場用地測量 伊丹飛行場，阪神国際空港の第一候補に	
1957(昭32)	伊丹基地接収解除，返還発表 運輸省航空局，大阪空港整備計画決定	
1958(昭33)	伊丹基地返還，大阪空港開港式	
1959(昭34)	大阪国際空港に改称	日・朝赤十字，北朝鮮帰国協定締結　帰国運動開始
1964(昭39)	旧中村解村　中村地区火災発生(22棟焼失)　ジェット機就航，大阪国際空港騒音対策協議会(８市協)	
1965(昭40)		日韓基本条約締結，国交回復
1967(昭42)		騒音防止法成立
1969(昭43)	周辺住民，国を相手どり騒音訴訟提訴	
1970(昭45)	Ｂ滑走路完成，供用開始	大阪万博開催
1971(昭46)	中村地区火災発生(21棟･24棟･３棟焼失)　中村問題対策連絡協議会(計５回開催)　11市協発足	
1973(昭48)	伊丹市，空港撤去都市宣言　周辺住民，公害等調停委員会へ調停申請(伊丹第１次～６次)	
1974(昭49)	伊丹市長，大阪航空局に水道管埋設陳情(同年許可)　騒音訴訟大阪地裁判決(夜間飛行禁止，国に損害賠償命令)　騒音防止法改正により空港周辺整備開始	
1975(昭50)	伊丹市長，大阪航空局に電話架設要望(同年許可)　騒音訴訟大阪高裁判決(原告全面勝訴)	
1979(昭54)		国際人権規約批准　公営・公団住宅，国民金融公庫融資開放
1981(昭56)	騒音訴訟最高裁大法廷判決(夜間飛行差止請求と将来の損害賠償却下)	
1982(昭57)		国民年金加入開放
1984(昭59)	騒音訴訟和解成立	
1986(昭61)	国と調停団，調停成立(慰謝料)	国民健康保険加入開放
1990(平２)	大阪国際空港「存続」決定　中村自治会，地区調査実施(133世帯・473人)	
1991(平３)	中村地区関係機関連絡会発足	入管法改正，特別永住者資格
1994(平６)	関西国際空港開港(大阪国際空港から国際線移行)	
2001(平13)	中村地区整備協議会発足　中村地区実態調査実施(159世帯・404人)	
2002(平14)	国交省，中村地区移転補償決定(中村地区整備協議会，中村自治会と確認書)	

化して空間を「平面的」に把握してしまう点において、この神話はイデオロギー的である。したがって、図15のような見方は成り立たない。百パーセント国有地ということになる。そこには歴史的な過程が入る余地は残されていない。

そこから明らかになったことは、図15が示しているように、一見すると平面で一枚岩に見える「不法占拠」が、実は複合的で重層化された合成物であるということである。

まとめると、およそ4つの基層から現在の「不法占拠」は構成されていることがわかる。

(1) 36年以降に、国策上、国有地のうえで建設労働に従事するために飯場に住んだ人びと
(2) 国有地の所有者(旧運輸省航空局および旧建設省建設局)の意思とは無関係に、移り住まざるをえなかった人びと(明確に所有者として国の意思が示されるのが73年、しかも火災で家屋を焼失した後である)
(3) 河川敷等の雑種地を利用していた旧中村の人びとの土地の権利(利用権)を買って移り住んだ人びと(その後73年に国が登記)
(4) 旧中村の民有地(所有権)を中村の住民が買って、86年に国有地として登記されるが、そのまま住んでいる人びと

である。これらの人びとによって、現在の「不法占拠」は構成されているのである。「平面的」な「不法占拠」に載らない、こうした過去のすべてが、現在、中村という具体的な土地に突き刺さった、抜きがたい問題なのである。その意味で「不法占拠」とは、「立体的」であるといえる。

それにもかかわらず、登記簿を元に「後から」法律が介入してくることによって、結果的には、そ

の「不法性」が広く世間に認知されることになる。当初、わたしがはまってしまったある種の落とし穴と同じように、何に対しても頭ごなしに「不法占拠でしょう」ということですべてが回収されてしまう。いわば「不法占拠」というひとつの概念が〝不作為性〟を装うことによって、生活実践に先立って前面に出され、結果として人びとの権利を剝奪していくことになるのである。

5　在日のリアリティ

調査者が「日本人」であることの限界

前節では、「不法占拠」の系譜学という視点から、なぜ不法占拠が生じたのかということについて、「歴史的視点」を導入していま一度とらえ直すことによって、「不法占拠」を立体的に再構成してきた。もちろん、これは歴史的事実として実証しうる。しかし、現実的な場面では、「不法占拠」は歴史性やその起源を問われない。登記簿の記載というかたちの法的な正統性が優位な位置に立つ。それ以上過去を遡及することを法が許さない点において、立体的（歴史的）な事実よりもむしろ平面的な見方から「不法占拠」をとらえることの方が圧倒的な力をもつのである。だからこそ、「不法占拠」している当事者でさえも、「藪をつついて蛇を出す」ことがないように、「不法占拠」の歴史にはできる限り触れないように努める様子がうかがえる。

国や地方自治体や地域住民は、なぜ「不法占拠」が生じてきたのか、ということについて何も問わないことになっていた。「不法占拠」が平面的かつ単調に扱われることは、次のようなことを意味する。つまり、実際「不法占拠」をせざるをえない「在日」という問題が、深くその土地に突き刺さっている。それにもかかわらず、住民からのクレームがないという理由をもって、「不法占拠」の問題から在日の問題がそっくりそのまま忘れ去られたということである。

もちろん在日と「不法占拠」の見えないこうした結びつきを、「在日」という属性カテゴリーに立って調査し、「不法占拠」の構築性や国家の不作為性を暴き出すことは可能である。ただ、ここで調査者である〈わたし〉自身の限界を迎える。なぜならわたし自身が在日韓国・朝鮮人ではなく、「日本人」だからである。「日本人」である〈わたし〉にとって、この事実は現場での調査としても、また研究を行っていくうえでも〝重たい〟ものといえよう。現地に行くと必ずといってよいほど、「あんた在日か」と問いかけられる。この言葉の背景には、もし調査者が在日ならば在日のおかれている立場は話さなくてもわかるだろうという含み、在日ならばもう少し心のうちを打ち明かすのだが、という日本人の調査者に対する歯がゆさがあると思われる。

事実、足掛け9年現地に通うなかで、知らず知らずのうちに在日韓国・朝鮮人のことについて地元の人びとからたくさん話を聞く機会を得たけれども、聞けば聞くほど彼ら彼女らが「日本人」である〈わたし〉とは遠い存在、つまり「他者」としての「在日」であることを体感せざるをえなかった。このことは、ある側面では、論文として「表現」することにある制約が課せられることを意味する。つまり、調査者が「在日」という属性にアイデンティファイして、それを推進力にして表現することに対する、ある禁欲を迫られることになるのである。

相対化の隘路を越えて

だが一方で、こうした窮状を打開するためのヒントもまた現場が与えてくれた。わたしに「在日」かと尋ねた女性から、今度は逆に「在日」のもとで埋もれてしまった女性の恨みつらみについて、しばしば聞くことになった。

誤解を恐れずにいえば、在日1世の人びとには根強い男尊女卑がある。生前奴隷のように扱われていた女性は夫が亡くなったあとにようやく解放され、仏壇の前で執拗に悪態をつく場面がある。同じ「在日」の立場からといっても、そこには「ジェンダー」にとどまらず、「セクシュアリティ」、帰化も含めた「民族」、「階級」、「障害」など幾重にも複合化された問題が横たわっている。こうした属性カテゴリーの問題の先には相対化の嵐が待ち受けている。つまり、ただ「在日」をたんに「女性」という属性カテゴリーに細分化しただけでは、本質的な実体と見られていた「在日」を解体する「相対化の隘路」に陥る危険性がある。

同様のことは、政治思想史家の岡野八代が、従軍慰安婦問題について自分自身が「第三者」のように日本政府の対応の拙さと政治家の暴言を語っていたところ、同じく日本からの留学生であるが国籍の異なる在日韓国人である友人から批判されて、突然第三者ではなく、戦争責任を負う「当事者」（日本人）という立場に立たされてしまった、という居心地の悪い経験を記述している（岡野2002）。こうした経験を女性と在日という2つの属性を用いて序列化してみると、ある立場からものを語る資格を有する者とは、順に、女性でありかつ在日である人、男性であり在日である人、女性であり日本人である人、男性であり日本人である人、ということになる。在日の女性を語ろうとしたとき、日本人の男性であるわたしはもっとも「遠い」不適格な人間ということになる。「在日」から理論的にもまた経験的にも「遠い」〈わたし〉がここに入る。

失恋経験から「在日」をとらえる

では、何らかの迂回路を通れば、「日本人」である〈わたし〉が、現場でアクチュアルに働いている「在日」の存在をとらえることは可能なのだろうか。ここで、やや実験的な意味合いも込めて〈わたし〉を含めた「在日」というねじれた表象はありえるのか、という問いを立ててみたい。それはあまりに偶然にしかも突如としてわたしに襲ってきた事実である。あるとき、「在日」に身体的レベルで「共振」するという圧倒的な体験をした。頭の中では「遠い」と思っていた「在日」が、自分にとって同じであるという心的「近さ」をもって迫ってきたのである。この身体レベルでの追体験を手がかりに、「在日」が体現するあるリアリティを再構成してみたいと思う。

それは、まったく私的な「失恋」体験に端を発する。もちろん、在日のあり方と恋愛は何の関係もないといわれればそれまでだ。しかし、わたしのなかでそれらは理屈を越えてわかちがたく結びついてしまったのである。調査論の文脈において、近年さまざまなフィールドワーク批判を越えて、調査者が被調査者に対してバルネラビリティー（傷つきやすさ）に共感したり関与を行いながら、調査者を含む社会そのものを変革する契機が謳われている。そこでは聞き取りの際の「共在感覚」が鍵になるのだが、先に述べたように、聞き取りではむしろ、日本人であるわたしは在日の彼ら彼女らとは異なるという感覚に見舞われていた。当事者のカテゴリーに対して調査者であるわたしがあまりにも無頓着だったといってよいが、それでも他者のことに耳を傾ける力だけはもっていた、といまから振り返れば思う。したがって、他者と自己とがそのとき同時に共振していたというのではなく、後になってそれに似た感覚がわたしの身体をするどく射抜いたということを、ここでは押さえておきたい。

それでは、わたしの身体を通じた経験を契機として思いもよらないかたちで偶然にも「在日」に結びついてしまったものとはいったい何であったのか。そこには「在日」という属性でありながらそれを超えていく、固有のアイデンティティに閉塞させないかたちでの、より本質的な問いかけが含まれている可能性をもつ(7)。

まず、わたしの失恋の経験から記述し、問題の所在を指摘することにする。それは、いま振り返って言葉でようやく表現できるようになったが、当時の衝撃は喉をかきむしられるといっても過言でないほど、筆舌に尽くしがたい苦痛であった。いくども知らず知らずのうちに自分の首根っこを手で絞め上げていたり、過呼吸になったりしたことを、身体的「ふるえ」として覚えている。

わたしがある女性を好きになっていて、ふられたのならば話は単純明快であるが、わたしが心的葛藤状態に陥ったのは、お互い相思相愛にもかかわらず、その関係を相手から半ば一方的に解かれるといった、とうてい理解できない状況におかれたからである。「嫌いだから別れる」というのであれば、感情では納得できないが、理由としては了解できるだろう。しかし、その女性からの「愛しているけれども別れる」という宣告(どこまで真実かはわからない)は、わたしの存在をダブルバインド状況に、つまり「失恋中」とも「恋愛中」ともとれる宙吊り状態に追い込むことになる。こちらから質問しない限り、相手に近づくこともそこから遠ざかることもできない、そこから派生する幾重にも重なったパラドックスに投げ込まれたなかで〈わたし〉は、悶え苦しんだ。

そんなとき、不意に中村地区のある女性がたどった軌跡がわたしのなかでシンクロ（相同）し、再構成されていることに気づいた。属性の壁をすり抜けてわたしの心にすっと入ってきたものとはいったい何だったのだろうか。そこでわたしをつかんで離さなかった在日女性の軌跡に焦点を当てながら、この女性、Hさんの生活史をたどってみたい。

ある在日女性の生活史

「汲み取りも垂れ流しですよ。だって衛生車とか、市のあれは一切ないから。そういうのもないし、テレビもラジオもないし、ほんまにね。そういうの（Hさんの）子どもは全部憶えてんねん。よく作文に書いてるもん、うちの子が。いま33の子がね、小学校の時に作文書いてんねん。中村ってなんでこんな汚いんかなってね。雨が降ったら長靴じゃないととてもやないけど歩かれない。もうずぶずぶやからね」（Hさん）。

いまは昔に比べて天国、と語るHさんは、04（平成16）年に還暦を迎えた。中村に30年以上住み続けてここで飲食店を営む女性（在日韓国人2世）である。Hさんのアボジ（父親）が36歳、オモニ（母親）が24歳の時に、韓国慶尚北道南部にある大邱《テグ》を出て船に乗って日本に渡る。韓国で産んだ長男と次男を抱えての渡航である。すぐに親戚を頼って岐阜県の田舎に行き、生活の術として炭焼きを始める。

「日帝」時代の朝鮮では生活が苦しく、日本に対する希望を胸に渡航してきたわけだが、アボジの思い描いていた日本とはずいぶん違っていた。そこでは明確な男女の分業があったという。男は「長」ということで毅然とした態度で臨まなければならないし、集まって酒を酌み交わし鬱憤を晴らす。一方、子育てや炊事は、女の仕事であった。そんななかでアボジは酒に溺れていく。Hさんによれば、「変な話やけどね。ほかに何もすることがないから、正直言うて、昔の人はやっぱりそれがありましたやんか」という具合に、子どもが次から次に生まれていく。言葉の壁もあり、何も仕事がなく、そうなるとオモニの肩にずしっと重圧がかかっていくことになる。さらに子どもが大きくなったら、長男が次の家長として、生まれてくる自分の弟や妹たちの面倒をみなければならないので、長兄にも責任が重くのしかかる。

そして、アボジ、弟、妹の分も人一倍頑張って働いていた長兄は、18歳という若さでこの世を去ってしまう。炭焼き用の木を切ってそれをソリに載せて下まで運ぶ過酷な労働の最中に、そのソリの下敷きになって轢死してしまう。遅くても必ず帰るはずの息子が家に戻らないので、何かあったのではないかとオモニが方々を探しまわると、ソリの下敷きになった長兄が冷たくなって横たわっていたのである。自分の夫は酒に溺れ、頼りになる長男は不憫な死を遂げてしまい、オモニはこれから先どうしてよいのか途方に暮れ、頭に血が上り、精神的に狂乱してしまう。

その後、そういう兄や母親の惨烈な姿を見ていた次兄は、「自分はなんでこの世に生まれてきたんや、自分はもうこんな苦しい日本には住みたくない」といって、終の棲家として「北朝鮮」を選ぶことになる。

そこに至るまでの経緯は次のようであった。次兄はこれから自分ひとりで生きていかなければいけないということで、家を飛び出して、名古屋に出向いて「地下」に潜り、金日成の思想の影響下で政治活動を行う。そして結婚して子どもが2人できた30歳の時（Hさん中学2年の時）に、「同じ苦労するんだったら、自分が努力したらその見返りのある北朝鮮に行って、日本でいくら土を掘っても何をしても、自分らはしょせん朝鮮人って日本の人にバカにされて、それやったら、同じ血が流れている北朝鮮に帰って、認められる人間になりたい」という気持ちで、北朝鮮に渡っていく。

三兄は、次兄から、朝鮮語を勉強して努力が報われる北朝鮮に一緒に帰る準備をするよう切言されたが、心情は痛いほどよくわかるが、あまりにも次兄の言っていることが漠然としすぎて、それは夢物語である、として次兄からの頼みを断る。北朝鮮への帰国は家族みんなが反対した。18歳で逝った長兄に代わって、次兄が「長男」として父母を最後まで看取って、その先祖の霊を祀る立場である。頭に血が上ったアボジは「お前なんで帰るんや。病気のお母さん、下に弟と妹が何人いるねん。お前それを置いていけるのか」と問い詰める。すると、次兄は一言で、「アボジ、俺は日本の国にはもう愛想をつかしたわ」と言い切る。

帰国第2船の副団長として北朝鮮に渡った次兄は、金日成からの勲章を授与され、その写真も送ってきた。手紙には医療費や教育費が無償であるということは書かれていたが、その文面には一度も北朝鮮に呼び寄せたいという話はなかった。北朝鮮貨客船、万景峰号《マンギョンボン》が新潟から出港して元山港《ウォンサン》に着き、はじめて祖国に足を踏み入れた瞬間、「しまった、間違った」と後悔したほど、日本赤十字や朝鮮総連系の団体が日本で行っていた宣伝が、いかに誇大で現実味のない夢物語であったかを思い知らされたのである。しかし、次兄の場合、副団長の立場上それを口にすることができず、引き返せなかったことを物語っている。

しばしば、北朝鮮の帰還事業の背景として言われているのは、在日韓国・朝鮮人の世帯は、生活保護を受けている家庭が大半であったという事実である。職業に就けず、仕事もなく、残された選択肢はドブロク（ヤミ焼酎）の製造や養豚業であり、それで生活を立てるよりほかない。養豚業といっても、飼育している豚が病気にかかったら、その時点で全滅ということになる。そうなってしまうと生活が困窮してしまい、町役場へ行き生活保護を受けることになる。Hさんたちの当時の印象では、生活保護世帯が10人中8人といっても過言でなかったという。つねに日本から厄介者扱いされ、「棄民」として追い出される人、それでもなんとかやりくりしながら生活をする人。ここに肉親と別れ、人生を翻弄される分水嶺が存在する。民族、国籍、国家が家族を引き裂いていく。

Hさんは、その後同じ在日の夫と結婚し、4人の子ども（いずれも女の子）を育てるが、決して裕福にはなれなかった。中村で養豚業・廃品回収・鉄屑業など、ありとあらゆる仕事を夫婦でこなしていく。廃品回収の時などは、大きなおなかを抱えた身重な体であっても、古新聞を両手にいっぱい抱えながらアパートの階段を上り下りした。寝る間を惜しんで、鉄屑を分別したりもした。そのうち過労がたたってか、Hさんは子宮がんで入院してしまう。そして、そのことで精神的ショックを受けたのか、実際のところは不明であるが、Hさんの夫もまた脳溢血で倒れ、自宅で寝たきりになった。その後、Hさんは鉄屑業をやめ、中村で韓国料理店をひとりで切り盛りしている。

アイデンティティ表象の難しさ

Hさんは次のように語る。

「私らたしかに父親や母親の影響はいっぱい受けているけども、日本の影響もやっぱりいっぱい受けているわけや。だからどちらかといえば日本の影響をようけ受けている。だけど、血は、血はやっぱり韓国やから。別に何も無理はしてないんですよ、無理はなんにもしてない自然体やけども、ただやっぱり韓国の歌が流れたり、冠婚葬祭っていうたらやっぱりそれをきちっと、うちらは知らず知らずのうちにやっぱり体で覚えてるていうんかな、それはありますよね。別に親が無理やりにこうせなあかんとかじゃないけど、日頃の生活のなかで、私らそれを自然に……」(Hさん)。

一見すると、民族的アイデンティティの自然な発露のようにも聞こえる。しかし、実は自分が「在日韓国人」であるということを、生得的なものというよりも、むしろ逃れられない運命として受け止めているという、強い「意思」がそこに多分に含まれている。たとえば、音楽を聴けば、どんな静かな人でも体が自然に踊り出す。けれども、子どもの世代(3世)になると、この音楽はもう理解できないという。Hさんの子どもも、もちろん小さい時分から母親が掃除機をかけながら韓国の民謡を歌っているのでよく知っている。また、中村に週に2回韓国食品の販売車が来るが、その車から朝鮮の音楽が流れてくるのを聴いて「ああ、韓国のおかずを売りに来たな」と買いに行くことも、住民の日常生活のなかに溶け込んでいる。

だが、その車が各家庭に知らせなければいけないと、けたたましい音量で音楽を流しはじめると、ある家の子は、自分が韓国人ということを友達に隠したいという気持ちもあり、自分としては納得していても、嫌になる時があるという。♪アリラン・アリラン♪ ♪プサン港へ帰る♪と、とくに韓国の正月、祭日、旧正月と旧盆のそれぞれ前日に早朝から大音響で流されると、自分がしんどい時や赤ん坊が寝ている時はHさんにも雑音にしか聞こえず、頭が痛くなる。

自己のアイデンティティ表象の難しさは、それぞれの個人が日常生活で経験するアイデンティティの濃淡に左右されるが、Hさんの場合、青春時代はむしろ「韓国」は捨てるべき対象でしかなかった。青春時代に、長兄と同じようにやっぱり韓国（朝鮮）の人は日本の人に嫌われる野蛮な部分(ママ)がはっきりあったと言い切る。朝鮮人だということで差別され、「いじめられて、朝鮮の人っていうのはそんなに汚いんかなあ、悪い人種なんかなあと思ったら、自分をやっぱり消したいって思った。日本人になりたいなって思った時期があります。自分は韓国人としては生きたくない。早く日本の人と結婚して、韓国の国籍を捨てたい。朝鮮人とは思われたくないって思ったことはある」が、返す刀で現在はその時の民族的アイデンティティとも異なるとも言う。

「いろんなことを経験して、ああ、やっぱり自分は韓国人として生まれて良かった、子どもも韓国人として、ずっとそういう気持ちで生きて欲しいっていうのは、それはいつの日かわかりません。いつどういう風なあれかわからへんけど、やっぱりそういう風に思ったですよ。子どもが学校に行くようになって、ああ、日本人になるんか韓国人になるんか、たとえばそれを選択せえいうんだったら、じゃあ日本人にならなかったら、やっぱり韓国人として生きる方がいいんと違うかなって、私はたぶんそう思った。子どもに、じゃあそうやって本名で行きって言うて、学校に行かす時に主人ともいろいろ話をしたんですよ。そしたら、主人は、お前そんな○○（韓国名）とか言われてまたいじめられたら子どもかわいそうやろ。通称名で行かせたらいいん違うんかて言うたけど、お父さん、それはちょっと間違ってないかって」（Hさん）。

在日と日本人を混同して見る

わたしの身体を通じて得た経験を契機に、思いもよらないかたちでわたし自身のなかで「在日」と結びついてしまったものとは、いったい何だったのだろうか。「在日」という属性をもちながらそれを超えていく、固有のアイデンティティに閉塞させない何かが、この奇遇に含まれているはずである。ここまで、そのような問いに答えるひとつの可能性を探ってきた。

自己の私的な体験と、ある「在日」女性の体験を混同することは、間違っているという反論も簡単に予想される。だが、逆に日本人であるという〈自己（わたし）〉と、在日であるという〈他者〉という明確な区分けは、はじめから他者を政治的な「在日」として、「在日」を団結や抵抗の主体というかたちで無意識のうちに属性カテゴリー化し、偏在化してしまっていることに、わたしの体験を通じて気づかされた。つまり、わたしの頭の中での「在日」のフレームと、身体の中での「在日」のフレームとでは、そのニュアンスが微妙に異なっている。なぜ「在日」という遠く客体的な存在が、身体の中で近い存在になりえたのだろうか。今度は後者の相同性に着目しながら、「在日」がおかれている状況をとらえてみよう。

ここに、『掟の門』という小説がある。この小説は、カフカが不条理を描いた短編のなかのひとつである。ある掟の門前に門番が立っていて、そこへひとりの男がやって来て、入ってもよいかと尋ねるが、いまはだめだが、俺を倒していくならかまわないと門番に告げられる。男はつねに「開いている」掟の門の脇に座って待ち続けるが、許可はいつまでも出ない。男は最後の質問をする。「誰もが掟を求めているのに、この永い年月、どうして私以外誰ひとりとして門の前に来なかったのか」。薄れてゆく意識を呼び戻すかのように門番はどなった。「ほかの誰ひとり、ここには入れない。この門は、お前ひとりのためのものだった。さあ、俺はもう行く。ここを閉めるぞ！」。最後に意識が薄らいでいくなかで、門が閉じられていくところで小説は終わっている。

ここには、法（掟）の本質が描かれている。「カフカの説話は法の純粋な形式を露出しているといえる。その形式をとることで法は、もはやなにも命ずることがないということで——すなわち純粋な締め出しとして——最大の力で自らを肯定する」（アガンベン 2003：6）。具体的な暴力（現前する法）によって人びとが締め出されるのではなく、法の恐ろしさは、禁止などどこにも存在せず、掟の門はいつでも開かれているという特徴にある。それにもかかわらず、近づくことは不可能なのである。なぜなら男は法への侵入を「自ら」禁じているからである。すなわち、法を順守するのではなく、法に近づけないことを自らが「主体的」に決めるのである。法が禁止して命令を下していくということではない。法への接近が禁じられている世界においては、法との関係を維持するためには、法と関わってはならないというダブルバインドに絡めとられるのである。

同じように、中村地区の「在日」がおかれている状況も、ダブルバインドであるといえよう。彼女ら彼らが在日韓国・朝鮮人であるということは、いうまでもなく、法律的に禁止されているわけではない。だが、かつて日本の植民地支配のもとで日本国籍が朝鮮人に押しつけられていたのに対して、サンフランシスコ講和条約以後、今度は一転して「在日外国人」として合法的に登録された。人びとには、Hさんの兄のように、「『朝鮮人』として北朝鮮に渡る（韓国に渡る）か」、「『日本人』として日本に同化していくか」ということが求められたのである。新たな制度による囲い込みの結果、「定住外国人」としての在日に対して向けられるまなざしには、「なぜ（日本にいるのに日本人として）帰化しないのか」、あるいは「なぜ（朝鮮人として韓国や北朝鮮に）帰国しないのか」という二者択一の問いがつねにつきまとうことになる。

半難民としての「在日」

このようなアイデンティティの激しい錯綜を、徐京植は「半難民」（徐 2002）と呼ぶ。在日朝鮮人は、「故国」（日本）で排除の圧力にさらされる一方、「祖国」（朝鮮半島）が分断されるなかで、どちらかを「母国」（北朝鮮・韓国）として選ばざるをえないというように、縦横に引き裂かれている（同上：202）。それは、ふだん多くの日本人が、日本に生まれ、即座に日本国籍を取得し、日本人になることを当たり前として生きている「自然」な状況のもとでは、意識にも上らないことである。

〈わたし〉が身体レベルで在日の女性と呼応し相同化したのは、客観的な「法」は何も禁止していないにもかかわらず、自らが状況を定義したなかで「主体的」に選ば「ざるをえなくなる」ようなパラドックスである。そのなかで、「在日」の肯定的価値と、それとまったく相反する否定的価値をともに内面（私）化することで引き裂かれる心的葛藤にわたしの失恋体験が重なったからである。すなわち、「在日」と「わたし」が不意に重なってきたのは、在日という「属性」に立脚したからではなく、在日がおかれている「ダブルバインド状況におけるパラドックス」に共振したからではないだろうか。そうすると、ここから導き出せることは、「在日朝鮮人」を「日本人」「朝鮮人」と同じカテゴリーとして必ずしも並置しえないということである。「日本人」だけが法の庇護対象にされて、「外国人」は不利益を被る主体として結果的に法外に締め出される。権利を剝奪され日本社会から差別されていく状況が、逆に否応なく「在日朝鮮人」になることを選ばせているのである。

6 法の暴力と沈黙

剝き出しの生

旧植民地出身者は、サンフランシスコ講和条約以降日本国籍を剝奪され「在日外国人」（朝鮮人）になったが、そのことをもって単純に、日本における民族的少数者を構成する「在日」属性カテゴリーが生じたわけではない。主体的に再構成せざるをえない在日の「半難民」状態に立脚点をおけば、そこには、朝鮮籍、韓国籍、日本籍を包含するかたちで、「定住」（そこに住む）あるいは「永住」という思想から徹底的に排除された「剝き出しの生」が生まれることになる。「剝き出しの生」とは、法権利の外におかれた生である。国有地上に不法に在日外国人が居住していることが法律の保護の対象にならない、ということは、在日、とりわけ中村地区の住民がおかれている状況を「（半）難民」

と見なせることを意味する。在日という「属性」と、在日がおかれている「状況」では、もちろん重なるところは多分にあるが、これらはまったく同一なものではない。

しかも、その「在日朝鮮人」をつくり出していくことと、「不法占拠」がつくり出されたことは、いずれも植民地支配のなかで起こったのではない。私たちがいま―ここに生きているポスト・コロニアルな（植民地以後の）状況下で時期を同じくして生起してきたのである。このことは何も偶然なことではない。「外国人」であることも「不法」に占拠していることも、法による庇護の対象に当てはまらない。そして、その対象外におかれることで、「生活保障」が権利として認められないという共通する要素がこの2つにはある。

したがって、中村的「不法占拠」状況は、二重の意味で法から剝奪されていることになる。一般にいわれるような公民権や市民権の剝奪のみならず、具体的な日常生活に関わる行政サービス（ライフライン・騒音対策・低利融資・土地対策等）を、法律の枠組みの外、つまり例外状態にあることを理由に、当然の権利として享受できない。そしてこのことが、あたかも人びとが法のもとに属さないことを主体的に選択したかのように見なされ、「私」的な空間に押し込められることで、深い「沈黙」を強いられることになるのである。「国民」国家における法は、何も禁止せずに、「関係をもってはいけない」という関係をつねに主体的に構築させる暴力装置として機能する。現在2千百万人に上るともいわれる大量の難民の創出は、例外状態の規範化が政治構造の基礎となりつつある、国民国家の帰結でもある（アガンベン 2003）。

こうして宙吊りにされた「在日」状況、いわば「内なる難民状態」に対する処方箋には、外国人の永住・定住思想という法（国家主権）に関わる変革が当然含まれていなければならない。ただし、単純に法という構造が変われば、済むわけではない。それによって、例外状態が消滅して人びとが解放されるという側面も含まれないわけではない。しかし、法に「関わらないことで関係している」主体性というパラドックスを解きほぐすためには、「剝き出しの生」にあらがう人びとの生活実践こそ、理論の射程に収めなければならない。このことが次章を先回りした結論である。

続く第4章と第5章では、「不法占拠」地域に対する移転補償制度をめぐって、国民国家のもとでの法のパラダイム転換を取り上げる。そしてそれをもとに、第6章では、その転換の基底にあって、人びとの微細な日常実践が紡ぎ出されていく「生きられた法」に焦点を当てることとしたい。

注

（1）データは「中村地区実態調査」（01年11月）より。01年11月12日から3日間、中村地区整備協議会（第4章注2）は、移転先整備計画のための基礎資料を収集することを目的として、中村地区の居住者、事業者、建物の実態調査を中村自治会の協力のもとに実施した。

（2）たとえば、農民叛乱を説明する原理として、相対的剝奪論では、叛乱農民たちの福祉レベルを、ほかのうまくやっているグループと比較するところからフラストレーションが発しているとする。一方、モーラル・エコノミー論では、生存維持の源泉をあらゆる脅威から守るための防衛的な叛乱であると説明する。社会の階層構成における自分たちの立場の改善とは異なり、侵害された生存維持の擁護を求めた絶望的な努力と、それを保証するための権利義務とおく（スコット 1999：224-5）。

（3）日本国籍を有する台湾人や朝鮮人を「当分の間、これを外国人と見なす」と規定した。その後52（昭和27）年4月、サンフランシスコ講和条約発効に伴う法務省の通達で、国籍選択の余地もなく日本国籍を喪失した。「在日」は日本人と同じ社会で納税などの義務を負いながら、社会福祉や就職などで差別を受けた。

（4）「国民」金融公庫、「国民」健康保険、「国民」年金などは、日本国籍を基礎においた制度であったため、事実上の排除となってきた歴史がある。

（5）構造的差別とは、差別現象を、いわゆる実体的（ないし客観的）な水準におくのではなく、関係的水準において把握しようとするものである（三浦 2006：3-4）。前者の実体的観点から把握された「実態的差別や心理的差別」との対比を念頭におくと、差別する側とされる側がおかれた社会的な関係の特質に起因する、いわば「意図せざる差別」として構造的差別をとらえることができると三浦耕吉郎はいう。

（6）旧大蔵省近畿財務局・旧建設省近畿地方建設局・旧総務庁近畿管区行政監察局・兵庫県監察局・旧運輸省大阪航空局・伊丹市によって構成され、中村問題の解決策について、合計5回話し合われるが、解決を見いだせなかった。

（7）エスニック・アイデンティティは、とりわけ世代によってかなり異なるといえよう。「柔軟なアイデンティティ」に焦点を当てたものとして、金泰泳の議論などがある（金泰泳 1999）。彼は、「人は、そのそれぞれの境界を貫いて通るベクトルの上を、状況対応的に自らの位置を定め、自在に複数世界を往来しながら毎日を生きている。それは、本質主義か非本質主義かといった二項対立的なものではなく、柔軟で弾力性のある〈選択〉である」とアイデンティティをとらえている（同上：196）。

第4章　「不法占拠」地域の移転補償と公共性

1　少数者の権利と公共性

二重の意外性

中村地区は半世紀以上の歴史をもつが、いまだかつて本格的な強制撤去などの「排除」はなされていない。それどころか21世紀の幕開けとともに、国は「不法占拠」に対する補償を「合法」的に行うという、これまでに類例のない決定を下した。本章の目的は、国家の法体系の枠組みにもとづいて、なぜこれまでに先例のない「不法占拠」地域の移転補償が実現したのかを明らかにすることにある。移転補償には、「不法占拠」地域に住む人びとの生活保障という意味合いが含まれている。本章では、こうした現場レベルで生じている実践を手がかりに「公共性」について考察し、その革新を問う。

中村地区での現場の取り組みは、公共性における二重の「意外性」が含まれている。それはつまり、「なぜ不法占拠は排除されなかったのか」ということと、「なぜ不法占拠は補償されうるのか」ということである。このことを明らかにすることで、公共性における「正統性」（＝レジティマシー）を問い直すことができると考える。なぜならば、従来の公共性のイメージでは、「不法占拠」を問答無用で排除することによって、公共空間を維持したり確保したりすることが、絶対的に「正しい」とされてきたからである。

そのような一般的な理解に照らして、不法占拠地域の住民を排除せず補償を行うという手続きは、私たちの従来の公共性イメージにそぐわないものである。いわば「公共性」のパラダイム転換であり、現場におけるアプローチが「公共性」理論の修正を迫っているといえるだろう。そして、「意外性」を読み解くことは、ただ理論を組み替えるという知的な作業にとどまらない。公共性を組み替えることによって、私たちは「貧困」や「劣悪な環境」を解消する政策の展望を手に入れることができる。

法制度に包含しにくい事象を、行政の「関心の中心」におくためには、どのような具体的手立てがあるだろうか？　世界レベルで複雑化した不公正をとらえ、それを是正することがますます難しくなりつつあるなかで、現場での実践から、少数者が被る文化的な不公正と、法の届かない領域における経済的な不公正の両者を統合する第三のアプローチとして、ここでは「環境正義」に根ざした「公共性」を提示したい。

「みんなのため」

近年「公共性」の議論が盛んに展開されてきている。第3章との関わりでいえば、従来議論されている公共圏の領域に、実は「国籍」を前提とした排除が明らかにあるにもかかわらず、あたかもすべての人びとが国民国家に包含されているという暗黙の了解のうえで、「公共性」の理論展開がなされているのではないかという批判がある。

もとより、「公共性」という概念は、通常、公共善が私権に対して優位であることを含意している。公共性とは、平たくいえば、みんなのためになるという意味である。身近な例でいえば、公園や道路などで公共性をもつ施設を「公共施設」と呼ぶ。みんなが利用するために、自分にとって便利だからということで勝手にひとり占めすることはできない。基本的には、お互いが少しずつ我慢をすることで、社会生活をつつがなく送ることができる。ただし、利用する「利益」と、利用の結果生じる「不利益」が大きくずれてくるような場合、重大な社会問題をひきおこす引き金にもなる。

高度経済成長の時代を経て、「公共性」への信頼が損なわれることになる。70年代、新幹線や飛行機といった高速交通の時代を迎えると、これらがひきおこす騒音は周辺住民の忍耐の限界を超えた。住民たちは、スピードダウンによる騒音低下を求めて、国などを相手取った裁判が次々に起こされた。

このような訴訟の際、国が原告側住民に冷酷に突きつけた言葉が「公共性」であった。すなわち、新幹線や飛行機がスピードアップすることは、みんなのためになるという理屈（正当化の論理）である。この時の「みんな」とは、騒音で苦しむ住民以外の、多数者（乗客や関係者など）を指している。「公共性」は、国という強者が「みんな」（＝公共）の名の下に少数者（マイノリティ）に犠牲を強いる、「抑圧の論理」として働いたのである(1)。「公共性」の理念においては、私権の排除をもとに「みんな」の利益が確保されることが正しいとされる。

もしこの理念が正しければ、中村地区の人びともまた公共の利益に反することで排除の対象となるはずである。ましてや「公共性の神話」を批判する権利など、そもそも持ち合わせていないことになる。「不法占拠」に対する「正統性」の根拠はどこにも見あたらない。公園などを占有しているホームレスを強制的に排除するのと同じように、中村地区においても、多数者の利益を理由にそこに住む権利があっさり奪われる事態が、当然予想されるはずである。

移転補償政策

しかしながら、中村地区に対して国が示した現実的な解決策は、「金銭的補償と土地の提供」という、これまでの「不法占拠」に対する公共政策からは「一八〇度」転換する内容となっている。すなわち、02(平成14)年5月、日本政府は、以下の4つのドラスティックな手続きをへて、「不法占拠」という不正常な状態を解消することを決定したのである(02年5月8日)。

まず、地区に所在する建物に対して「移転補償」を行う。そして2つめに、移転する際に経済的な損失が出た場合の「営業補償」を行う。3つめには、国有地(対空受信所施設用地)を伊丹市に売却するかたちで「代替(移転)地」を確保し住民に提供する。ここに伊丹市が集合住宅を建設し住民の集団移転を実現する。最後に、事業者に対して、事業所用地を売却する。このような手続きを踏むことにより、不法な状態は解消される。この決定は、国によって一方的に決められたものではまったくなく、不法占拠地域の住民から構成される中村地区自治会と「中村地区整備協議会」(2)が移転補償など環境整備について正式に調印・合意したことにもとづく。

ここで、そもそも絶対的に異なる両者の利害関係を止揚する「正しさ」がこの公共政策の決定を支えているのではないか、という仮説が成り立つ。そして、その正義は従来とは異なる「公共性」を生成しているのではないだろうか。これまで「不法占拠」を論じる際には、住民側と国側という２つの立場があった。住民側は、たとえ法に抵触していてもそこで暮らしを立てなければならず、居住しつづけることを正当化する立場に立つ。他方、国側は国有地が不法に占有されれば、強制的に排除する立場にある。「不法占拠」とは、一方の主体の利益が確保されれば、もう一方の主体の利益が損なわれるトレード・オフの関係にある。このように国と住民双方の立場は真っ向から対立するものであり、ジレンマを抱えることになる。

では、「不法占拠」の解決をめぐって両者が妥協をはかり、利害関係を調節する余地は残されているのだろうか。たいていの場合、行政は不必要な衝突を避け、責任を問われないように「放置」する。だが今回の移転補償政策は、このような矛盾を放置してきたこれまでの政策を抜本的に改める事業ととらえることができる。

第三のアプローチとしての公共性

私たちは少数者の権利を擁護することが、いかにして公共的な利益を確保することにつながっていくのかを問おうとしている。言い換えれば、少数者集団の多様性と彼女ら彼らの生活保障を確保しながら、どのようにして公共秩序が維持されうるのか、を分析する必要に迫られている。

その際、おもに「不法占拠」地域を抱える伊丹市の対応に着目しながら第三のアプローチを考えてみたい。というのも、伊丹市は中村地区の問題に関して、「積極的」に国と住民双方の利害の調停役を果たしている。しかし「不法占拠」地域は国有地であるため、本来、伊丹市は関与する主体ではない。ではどのようにして伊丹市は、問題解決の過程において「積極的」な役割を果たすことができたのだろうか。

2　空港騒音問題――「人格」をもつ空港

「不法占拠」地域はたんに空港に地理的に近いだけでなく、空港の政治力学に深く関係している。中村地区は良くも悪くも空港政策の影響をじかに受けることになる。そこではじめに、空港騒音問題の変遷を示したいと思う。大阪国際空港の歴史を一言で表せば、「航空機騒音」によって特徴づけられる。マクロなレベルでとらえれば、以下概説するように86（昭和61）年以前の「闘争」時代、それ以降の「共存」時代、そして解決へ向けて市と自治会が努力してきた「交渉」の時代に分けることができる。

国と住民との闘争時代（～85年）

東京オリンピックが開催された64（昭和39）年、大阪国際空港にジェット機が就航して以来、1日

２３０往復が離着陸するようになり、航空機騒音は周辺地域に拡大していく。その結果、69年（昭和44）年以降伊丹市や大阪市などに居住する住民が原告となって航空機騒音訴訟を起こし、約２万人の周辺住民が73（昭和48）年以降、公害等調整委員会（旧総理府の外局、公害紛争の解決を図る）に対して、騒音公害調停を申請することとなる。しかし、最高裁判所（大法廷）は、81（昭和56）年、住民による夜間飛行差し止め請求を却下する判決を下す。

住民は裁判では敗訴したが、関係行政機関に騒音対策を講じるように求めて運動を展開する。そして、そのなかで当時ほぼ市全域が騒音区域にすっぽり入っていた伊丹市は、73（昭和48）年に「空港撤去都市宣言」を掲げる。結局、空港が閉鎖されることはなかったが、この一連の住民運動を通じて国（旧運輸省）は、激甚な騒音地帯に「騒音防止法」を拡大適用することを決定する。この決定によって騒音区域の住民は、環境良好な地域へ移転する際の補償や、建物に対して防音工事の提供を受けられるようになる。だが、空港という国有地を占有している「不法占拠」地域には、騒音防止法が適用されることはなく、住民はそれ以降も耐え難い騒音に晒されつづけた。中村地区の住民は、当時自治会において話し合いを行った結果、一連の訴訟団の運動への参加を、「藪をつついて蛇を出す」という理由で断念した経緯がある。

空港と住民との共存時代（86～99年）

空港周辺地域において騒音対策が講じられ、騒音被害が徐々に軽減されはじめた。それにつれて、「欠陥」空港と周辺地域がなんとかして共存しようとする雰囲気が、関係者のあいだで生まれはじめる。このような共存の流れを受けて、90（平成2）年に、国側が確固とした騒音対策を講じることを条件に、国、調停団、「大阪国際空港騒音対策協議会」（周辺11市自治体で構成、11市協と略す）のあいだで、利便性の高い空港として「存続」の決定がなされる。このとき、国と周辺住民との「利害調停者」としての役割を積極的に果たしていくことになるのが、「伊丹市」である。国は、空港施設を安全かつ円滑に管理運営する責任を果たさなければならない。そのために、国は紛争解決の折衝窓口となっている伊丹市を重宝していたし、同時に信頼もおくようになる。

騒音問題には、騒音の原因をつくった当事者がその解決のための責任を負わなければならないという原則論がある。しかし、航空機騒音という環境問題は、運行上意図せざる不作為の結果として生じている。空港を管理する国は、問題を解決するために関係地方自治体と協力して周辺住民との協議を行っていかなければならない。伊丹市は騒音問題、飛行機の増便問題や関西国際空港と伊丹空港との分担問題などさまざまな行政課題が出てくるたびに、それを現場レベルで処理してきた。

これら一連の行政課題を誠実に担ってきた結果、伊丹市は国に対しても最終的に影響力をもつこととなる。01（平成13）年、調停団全体の運動方針として、中村問題の解決が盛り込まれた。このことは、空港の騒音問題に対する関係自治体の積極的な対応の結果であるといえる。以上に見てきたように、「不法占拠」地域は「単独」では存在しえない。空港をめぐる国、市、周辺住民という大きな社会的関係性の中に飲み込まれる。

空港撤去都市宣言の時代、「不法占拠」地域の生活環境をどのように整備していくのかということは、騒音問題の二の次、三の次にされてきた。仮に「不法占拠」地域の問題解決が空港政策の最優先の課題となった場合、ほかのすべての問題が棚上げされる危険があった。住民・国双方が一歩引いたところで、「不法占拠」にはなるべく触れない状況が長く続いた。言い換えれば、「不法占拠」下の劣悪な生活環境（土地問題、下水道、騒音など）は、空港という「公共性」の陰で見落とされることとなる。

関西国際空港（87年着工、94年開港）と伊丹空港との分担問題が持ち上がった際、一度この「不法占拠」地域についても非公式の勉強会が開かれた。だが、旧運輸省大阪航空局という、一地方局レベルでの会合となったために、国レベルの問題に位置づけられることはなかった。91（平成３）年の段階では、不法占拠者に対して移転補償と代替地の提供を行わないことが、内部決定された。

排除によらない解決へ向けて交渉の時代（00年～）

行政が一度決めたことを覆すことは難しい。だが、この内部決定から約10年の月日をかけて、伊丹市は国との良好な信頼関係を築き、関係を継続していくなかで、「不法占拠」地域に関する勉強を進め、強制的な排除によらない解決に向けて努力を積み重ねてきた。伊丹市は「不法占拠」を一地方の空港問題ではなく「日本全体」の問題として、本省（中央官庁）が責任を回避できないような論理を展開してきたのである。伊丹市は基本的に国有地にある「不法占拠」地域の住民に対して責任を負う必要はない。伊丹市が「不法占拠」に関わることは、通常の行政業務を超えて、空港の運営と「不法占拠」地域に対して国よりも強い責任を果たすことになる。

00（平成12）年には、市の憲法とでもいうべき総合計画のなかに、中村問題が早急に解決すべき重要な問題として位置づけられる。それとともに、市長をはじめ市議会（飛行場問題特別委員会）など

戸　新　聞（夕刊）　第37506号　2002年（平成14年）5月9日

伊丹・中村地区

空港用地"占拠"の160世帯
移転へ国が建物補償

伊丹市中村地区の大阪空港用地などの国有地に居住する約百六十世帯四百人が環境整備の遅れたまま生活を続けている問題で、国土交通省と兵庫県、伊丹市でつくる「中村地区整備協議会」は九日までに、住民の集団移転に伴う建物の補償を行うことを決めた。国交省によると、空港用地を舞台にした"国有地占拠"で、住民の移転補償に至るケースは極めてまれという。

移転先は空港レーダー施設がある同地区南側の国有地約三・八ヘクタールで、住民用の住宅などを建設する方針。

同地区は同空港北西の約三・四ヘクタールで、大半が国交省所管の空港用地と河川用地の国有地。戦前の空港拡張工事のため、労働者として集められた朝鮮人らが定住し、集落ができた。国は不法占拠とし、下水道などが未整備なまま住民が暮らしてきたが、国が補償の意志を明確にしたことで、解決に向けた動きが本格化することになる。

すでに地元自治会では移転補償の基準などを詰める住民側窓口として対策委員会を立ち上げている。今後、整備協と自治会で建物の補償基準のほか、住宅以外の飲食店や工場の取り扱い、移転地での公園、道路を含めたまちづくりなどについて協議していく。

自治会役員の一人は「この土地に思いはあるが、国有地であり、騒音もひどいことなど今の環境を考えると、集団移転はやむを得ない選択」と話している。

同地区では、歴史的経緯や人道上の配慮から、上水道の水道管埋設や電話架設、電気の供給については、伊丹市長を通じて国に陳情が寄せられ、これまでに認められた。しかし、航空機騒音の防音工事は対象外で下水道も未整備のため、住民は騒音や雨の際の浸水、悪臭に苦しみ、自治会は環境改善を国などに要求。昨年九月に整備協が発足し、移転に向けた交渉が続いていた。

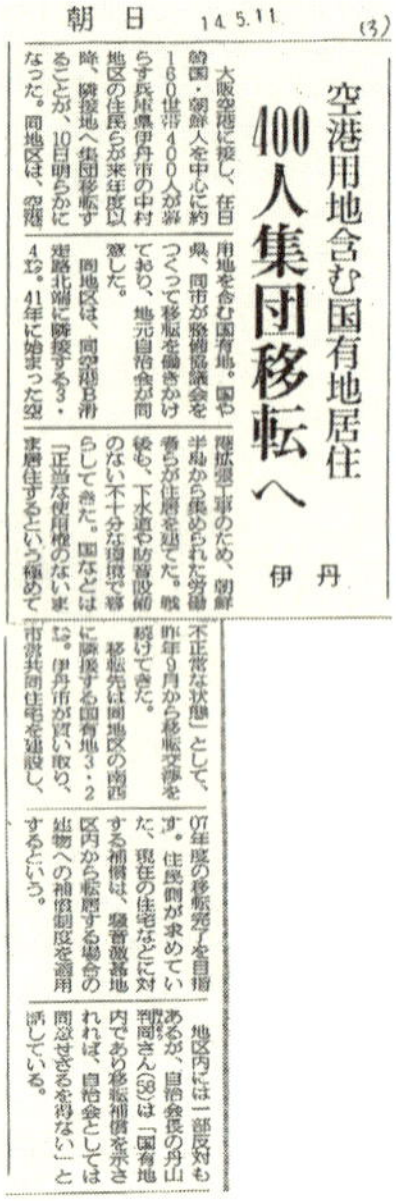

朝日　14.5.11　(3)

空港用地含む国有地居住
400人集団移転へ

伊丹

大阪空港に接し、在日韓国・朝鮮人を中心に約160世帯400人が暮らす兵庫県伊丹市の中村地区の住民らが来年度以降、隣接地へ集団移転することが、10日明らかになった。同地区は、空港用地を含む国有地。国や県、同市が整備協議会をつくって移転を働きかけており、地元自治会が同意した。

同地区は、同空港B滑走路北端に隣接する3・4㌶。41年に始まった空港拡張工事のため、朝鮮半島から集められた労働者らが住居を建てた。戦後も、下水道や防音設備のない不十分な環境で暮らしてきた。国などは「正当な使用権のないまま居住するという極めて不正常な状態」として、昨年9月から移転交渉を続けてきた。

移転先は同地区の南西に隣接する国有地3・2㌶。伊丹市が買い取り、市営共同住宅を建設し、07年度の移転完了を目指す。住民側が求めていた、現在の住宅などに対する補償は、騒音激甚地区内から転居する場合の建物への補償制度を適用するという。

地区内には一部反対もあるが、自治会長の丹山さん(58)は「国有地内であり移転補償を示されれば、自治会としては同意せざるを得ない」と話している。

図16　移転補償を報じる新聞記事
（左）『神戸新聞』2002年5月9日夕刊　（右）『朝日新聞』2002年5月11日朝刊

からも代表が旧運輸省に赴き、問題解決に向けて同省に頻繁に働きかけている。こうした要望を受けるかたちで、旧運輸省は本省環境整備課と大阪航空局を構成員とした非公式な検討会（中村問題検討委員会）を00年10月以降6回開催し、対空受信所施設用地を移転先として活用することが可能となった。

そして01（平成13）年9月には中村問題を解決するために、国土交通省大阪航空局、同省近畿地方整備局、兵庫県阪神北県民局、伊丹市の4者において「中村地区整備協議会」を発足する運びとなった。

翌02（平成14）年5月8日、中村地区整備協議会と地元自治会は移転に関する基本的な条件について合意に達し、確認書を取り交わした（図16）。その内容は次の通りであった。

(1) 国交省は、中村地区に隣接する受信所用地を集団移転先として確保する
(2) 国交省は、中村地区に現に所在する建物に関して移転補償を行う
(3) 中村自治会は、現在の中村地区から集団移転先等に移転することに同意する
(4) 伊丹市は、集団移転先において、適切な生活環境を確保するため、共同住宅及びその関連施設の整備を行う
(5) 中村自治会は、住民が現在の中村地区から速やかに移転できるように中村地区整備協議会に協力する
(6) 中村自治会および伊丹市は中村住宅整備検討会を設置する

「人格」をもつ空港

このような解決の努力は、単なる公共施設（空港）や国有地（「不法占拠」）という「法的」な位置づけを打ち消すようなリアリティが、伊丹市に具体的にあったことを物語っている。伊丹市は空港に対してどのようなイメージをもっていたのだろうか？　今回、実際の実務にあたってきた伊丹市の前空港室長（宮本孝次氏）のインタビューを通して、市行政がどのように空港と「不法占拠」地域を位置づけていたのか、見てみたい。

「ちょっと勉強しましたら、大阪空港いうのはものすごく歴史がある。そのなかには泣かれた人もい

れば、苦労された方もいらっしゃる。とくに昭和15年に建設された時にはそういう人たちがいらっしゃった。その後、米軍に接収されて、いわゆる占領されてしまった。それで昭和33年に返されて、後発であった航空局ができた。そのなかで、大阪空港が近畿圏の唯一の空港として、経済発展、いわゆる戦後の復興と発展を支えてきたのが、神戸の港も大事ですけど、大阪空港という存在があった。ところが大阪空港たるや、そこまで一所懸命がんばっているにもかかわらず、地元からは出ていけとか、国からは冷たい態度。そういうなかで、さらには関西空港ができたらそれこそ、お荷物のようなかたちで国は面倒を見ないと、なんかあったら大阪空港をいじめようとしている。仮に大阪空港に『人格』があったとしたら、これほどみんなのために役に立っているにもかかわらず、これほど辛い思いをしている空港はないぞと。誰かが、大阪空港の心底応援団になってあげなかったら、大阪空港は不幸な歴史で終わってしまうという、義侠心が……。」(伊丹市前空港室長、03年4月)。

ユニークな見解である。ふつう、私たちは公共施設を単なる「物」として見る。その場合、伊丹市の管理地域と国が管理をする国有地とは、明確に境界を分けることができる。基本的に国有地にある「不法占拠」地域の住民に対して、伊丹市は責任を負う必要はない。そのなかで、空港が「人格」という自律的な意思をもっているとは、いったいどういうことなのだろうか。

前空港室長は、空港を単なる近代的施設としてだけでなく、人間関係を引き合いに出し、まるで自分たちの子どものように大切に育ててきたものとして空港を見ている。後見人である伊丹市は、空港という「子ども」のために騒音問題などで汗水流して尽力してきた。それにもかかわらず、新しく子ども（関西国際空港）ができたので、いままでの「子ども」（伊丹空港）を見捨てることは、歴史的な経緯から見た場合、道義的責任に反すると考えているのである。それは行政責任をとるかとらないか、という次元ではなく、空港に対する義務を果たすことが当然だととらえる発想（人格化のストーリー）なのである。

戦後日本の再建と繁栄を支えてきた人びと

では、空港という「人格」をつくり上げてきた人びととは、具体的に誰のことだろうか？　それは、なぜ中村地区の大半が在日朝鮮・韓国人なのか、ということと無関係でない。植民地時代の不幸な歴史と安価な労働力によって、この地区の人びとが空港建設に従事した歴史を無視しては、空港の「人格」は成立しない。もちろん、行政が「不法占拠」を容認する、しないにかかわらず、人びとはすでにそこで暮らしてきた。だが、地方自治体によって、彼らが独自の在日朝鮮・韓国人文化と歴史を背負っていることを認められることは、「不法占拠」イメージを打ち壊すうえで大きな役割を果たす。

まず、「不法占拠」地域の居住者を、歴史的に空港建設に携わり、かつ戦後の日本の再建と繁栄を支えてきた人びととして価値づける。さらに「不法占拠」地域を、ほかの地域から排除された結果、生み出された自生的コミュニティとして位置づける。この地区には大規模なリサイクル施設があり、リサイクル事業に携わっている人びとがいる。だが、これらは嫌悪施設として見なされるため、ほかの地域に移転することはできない。よって、この中村地区のコミュニティは、都市生活に不可欠な社会的安全弁の役割を果たしてきたといえるだろう。

空港の歴史を軸にして「不法占拠」を再び位置づけ直すと、空港建設に積極的に貢献してきた、中村地区を含む在日の存在が必然的に浮かび上がってくる。公共施設は、住民が実際にその中に住みつづけ、中村地区や周辺の地域と深い関わりをもつことによって完成したという、歴史的なイメージを帯びる。

このように、空港施設そのものが、歴史的な価値をもつと行政に理解され、位置づけられた意義は大きい。仮に空港が建設されなかったら、日本の繁栄もなかったという想いが込められている。そのなかで、「不法占拠」地域の人びとは、ネガティブな存在から、空港建設に寄与してきたポジティブな存在へ転化することになる。法的な管理の限界を超えて、行政が「不法占拠」を政策課題に結びつけるための創意工夫が、空港の「人格」化（ストーリー）であろう。

3　少数者における多様性のジレンマ

「不法占拠」を行政の問題関心の視野におくことで、在日という少数者集団（マイノリティ・グループ）の「差異化」はある程度行政レベルにおいて確保されたように思える。ただし、たとえ不法というかなりネガティブな見方を、よりポジティブなものへ転化させうるとしても、かえってそのことが少数者に関わる重大なジレンマをひきおこすことにもなりうる。そのジレンマと解決法を考えよう。

承認か再配分か

ナンシー・フレイザーは、次のようなジレンマを指摘し、その解決法を模索している（フレイザー 2003）。すなわち、マイノリティ・グループは、文化的な承認か、経済的な再配分のどちらを選べばよいのだろうかという問いである。そして彼女が重要だと考えていることは、現時点で分離している「（文化的な）承認」と「（経済的な）再配分」の両者の政治的な問題を結びつける試みである。

たとえば、マイノリティ・グループの文化を強調すれば、マイノリティの経済的な分配は、マジョリティ・グループから特別なケースとして低く見積もられる。実際、これまでマイノリティ・グループには、最低限の生活保障という意味合いで、「生活保護」程度のわずかな見舞金が支払われてきた。彼らはかなり低いとはいえ金銭的補償を得ることはできる一方、「フリーライダー」や「厄介者」として再定義されるという逆説を抱え込む。言い換えれば、マイノリティ・グループは文化的な承認を得ることで、わずかながら利益を受け取ることはできる。だが、そのことがまさしく、マジョリティ・グループあるいはほかのマイノリティ・グループから「排除の対象」と見なされる危険性を抱え込ませることになる。

かといって逆に、経済的な再配分を重要視すれば、文化の多様性を失うか、集団の差異化を損ねてしまう傾向があるとフレイザーは指摘している（同上：22-6）。同じような承認と再配分のジレンマは、中村地区の住民にもあてはまる。

環境正義としての騒音防止法

そうであるならば、彼女ら彼ら少数者集団の現在の文化的な生活を壊さずに公共性（富の再配分）を確保するためには、より広い視野からのとらえ方が必要となる。行政は、この承認と再配分のジレンマを解決し両者を統合していくような具体策を、どのように組み立てることができるのだろうか。彼女ら彼らの文化的な差異の多様性を失わずに経済的な補償を充分行うために、どのような政策的工夫がありうるのだろうか。中村地区に戻って考えてみよう。

先の伊丹市の前空港室長は、今回の補償を、生活保護のような社会的弱者に対する救済策とは異なるものとして考えている。

「弱者に対する施策とは違います。人間としての権利言うか、プライド、そのなかでの事業です。共に創っていくかたちです。一番失敗したら駄目なのは、地元におられる方には50年、60年の歴史がある、それを救済やってあげますよという立場では絶対ありえないし、逆に言うと、戦後復興を支えてこられた一員として、ほんとうに大事な立場ですよということから始まったから。それが一番、大事なところです。いま表にある（日本の）発展いうのは、陰で支えておられる在日の人も、一般市民もそういう方々の力があって今日の繁栄がある」（同前室長、03年4月）。

伊丹市は、中村地区に対して、京都の陶下橋《とうかばし》不法占拠地域(3)のような見舞金による解決策を当初から念頭においていない。市が国に切らせたカードは、一般公共事業なみの移転・建物補償を解決策に盛り込む案である。

さまざまな検討を加えた結果、国は新たに特別な制度を設けなかった。伊丹空港をはじめ航空機騒音問題の解決策として採用され、74（昭和49）年以来実施されている「騒音防止法」をこの「不法占拠」地域に対しても適用した。この適用により、「不法占拠」地域の住民も騒音区域のほかの住民とまったく「同じ」手続きで、騒音に対する補償を受けることが可能となった。その移転の対価は、一軒当たり数千万円にも上る。騒音防止法は、騒音区域での環境問題に対する相応の金銭的補償をこれまで可能にしてきた。中村地区に対して実施された移転補償政策は、良好な環境を享受することを「生活の権利」として促進する政策であり、窮民対策とは異なる。

したがって、この騒音防止法をここで「環境正義」とおけば、その意義は、文化的な歴史性を背負っている少数者集団が良好な環境を享受する権利を保障することにあるといえる。環境正義は、おもに米国でブルーカラー層やマイノリティ地域の不平等を是正する運動として展開されるなかで用いられてきた概念である（Bullard 1990；Cable and Shriver 1995）(4)。中村地区に対する騒音防止法の適用を見れば、たしかに少数者（在日）に対する不平等な環境被害の是正に寄与している。このことは「環境正義」の理念にもあてはまる。

だが、騒音防止法を中村地区に適用する意義は、「不法占拠」あるいは「在日」に関係なく、騒音という環境問題の被害者である「すべての人びと」に開かれていることにある。よって、中村地区に特別な制度を用いて「少数者（在日）だけ」に見舞金が手渡されるというような、環境被害に対する差別是正（いわゆるアファーマティブ・アクション）とは異なる。

これまで一般的に「不法占拠」地域の人びとは、ネガティブな存在として見なされ、その結果、行政によって排除されるか、もしくは無視されてきた。しかし、「不法占拠」イメージは、「不法占拠」問題をよりよいかたちで解決しようとするとき、ポジティブなものに転化していく。現地に住んでいる人びとは、独自の文化的な歴史性を背負った人びとである、と行政から認知・承認され、「正統性」を帯びることで、「不法占拠」の解決が行政の中心課題となる。

ただし、「不法占拠」や「在日」をポジティブなものとして特別視し、そのような人びとだけに資源が再配分されるような説明のしかたは、逆に一般の人びとからネガティブなフレーム（枠組み）ととらえられて再強化され、構造的差別が補強されかねない危険性を多分に含んでいる。それは、積極的差別是正策（アファーマティブ・アクション）などによる分配の結果、「逆差別」として少数者が批判の対象になった状況と似ている。同じような批判は、中村地区の移転補償の事業全体を反故にする可能性がある。こうした逆差別的な見方に対して、行政は最大限配慮する必要があった。

移転補償の正統性

まず、国は「騒音」被害という、中村地区を決定的に特徴づける要素に着目する。そして、地区住民を騒音防止法という一般的な法の枠内に位置づけることで、逆差別として批判されかねない「不法占拠」や「在日」というフレームを一切用いずに問題を解消することに成功した。ここには、中村地区において住民の生活保障をどのように行い、それを一般国民が「不満は残るが、激甚な騒音ならばしかたがない」と納得せざるをえない論理として生み出すかについて、行政の腐心の跡がみえる。

つまり、騒音防止法の適用によって、「不法占拠」地域の住民を、環境を享受するひとりの「（法的）権利者」と見なすことに成功した。もちろん、環境正義を政策化するプロセスのなかで、少数者集団の文化的・歴史的な価値は、一見すると中立化され無効になったかのようにみえる。だが、現実には、「不法占拠」地域に居住する人びとの文化的な歴史性を承認する施策となっている。だからこそ、文化的ユニットを壊さないために集団移転先を提供することが大きな意味をもつ。

というのも、通常移転補償制度においては、移転先の提供は行わない。個人的な移転希望というかたちをとり、国はその土地と建物の対価を金銭的に補償するだけで、その資金をもとに住民は自分で居住地を探すのである。従来の救済制度は、住民個々の選択の自由を最大限拡張してきた反面、地域社会においては地域住民の多数に共有された意思決定を実行することができず、地域の文化的ユニットを壊してきた経緯がある（金菱 2001）。

それに対して今回の集団移転は、従来の枠組みにはなかった、在日の誇りをもった文化的ユニット保持を前面に打ち出した。国による土地の提供と伊丹市による共同住宅の建設という独自の事業である。その結果、在日の文化的保持と法律による金銭的補償が釣り合ったかたちで両立しうることになる。すなわち、ここでの環境正義の実践は、文化的な不公正と経済的な不公正の両者を統合するアプローチを示しているといえるだろう。

4　環境正義に根ざした公共性

環境正義のポリティクス

中村地区は、「公共性」概念の革新を私たちに迫っている。環境正義の政策的な工夫は、不法か否かにかかわりなく、「不法占拠」地域の住民を良好な環境を享受する権利者として位置づけ直すことに役立つ。まずは「不法占拠」というネガティブなフレームを外し、資源や環境の面で厳しい差別にさらされ、もっとも劣悪な生活環境を強いられている人びとの生活実態に目を向けることができる。国は住民の立ち退きに際して公平性を保つために、現地の視察や相談会を行わないのが通例だが、中村地区の場合、積極的に何回も開催している。国にとっても、また住民にとっても不正常な状態を解消する施策として、いくつもの解決策の選択肢から選ばれたのが、移転補償のしくみであった。それは人びとの生活保障や継続を充分考慮した結果、個人財産の補償を含むものとなった。

したがって、私権を侵さずに公共性を提供するというよりも、むしろここでは積極的に私権を尊重し、そのうえで公共性を考えていく順序になっている。ではここでの私権とは何か？　それは単純にリベラリズムが指すようなアトム化された個人のそれではない。中村地区では、「不法占拠」地域の住民であることを理由に、同じ民族同士の結婚でさえも破談になったケースがある。こうしたマイノリティのなかのマイノリティがおかれている劣悪な生活環境を、個人が背負わざるをえない「構造的差別」ととらえ、そこから脱することを個人（私）財産の補償に含み込ませている。この点が米国における環境正義との微妙な違いである。

すなわち、米国の環境正義を組み込んだ公共性のあり方は、環境政策のなかで、意図せざる不平等の影響を結果的に特定の集団に与えないように政策立案を図ることにある（原口 2003）。それは、迷惑施設を立地する際、人種的マイノリティに対する「配慮」を行う、マジョリティ側に焦点をおいているといってよい。

それに対して、本章が取り上げてきた中村地区における環境正義の実践は、人びとが構造的に抱えている貧困と尊厳の剥奪という社会的排除に抗するプロジェクトである。なぜなら、ただたんに人種的マイノリティに対する配慮だけでは、環境が改善される反面、生活そのものの継続が困難になったり、文化的ユニットを強調することで逆に構造的差別を再強化することになりかねないからである。一方、中村地区ではより深い公共性が現場レベルから問われているのである。すなわち、文化的な承認と経済的な再配分を同時に達成していくような正義である。言い換えれば、構造的貧困と尊厳の剥奪という社会的不正義を取りのぞく、「環境正義」に根ざした公共性が今後必要であることを、私たちに開示してくれている(5)。

注

(1) 代表的な公害裁判として、「名古屋新幹線公害訴訟」（74年提訴、85年名古屋高裁で差し止め請求棄却、86年旧国鉄と原告住民和解）や「大阪国際空港騒音訴訟」（69年提訴、81年最高裁で夜間飛行の差し止め請求棄却）がある。新幹線公害を研究した舩橋晴俊らは、社会的弱者の犠牲において国民が利益を得るような公共性を、不平等な共同便益性の構造として析出している（船橋ほか 1985）。すなわち、公共性とは「それまで生活してきた人々に対して立ちのきと生活再編を要求する、うむを言わさぬ論拠として作用」（同上：240）する装置である。

（2）国土交通省大阪航空局、同省近畿地方整備局、兵庫県阪神北県民局、伊丹市からなり、中村問題を解決する目的で01年9月に発足。移転補償決定後も中村地区自治会と国をつなぐ窓口として機能している。

（3）国・京都府・市は、92（平成4）年京都市南区東九条の鴨川河川敷にあった不法占拠地域に対し、住民のための共同住宅建設を柱とした環境整備事業を行った。移転補償は、自治会と府との交渉の結果、個別的な見舞金というかたちで支払われている。

（4）米国においてとくに政治的発言力が乏しいブルーカラー層や人種的マイノリティ地域に、ホワイトカラー層や白人より不平等なかたちで環境負荷が蓄積し、マイノリティが環境的不公正を被っている現状がある。「有害廃棄物と人種」（人種的公正委員会 1987）によれば、黒人とヒスパニックの5人に3人は有害廃棄物処分場を抱えるコミュニティに住んでいる等の研究報告がある。人種・階層間に不均衡な健康被害をもたらさないように環境の改善を求める理念が環境正義（環境正義のための大統領令 12898号、94年）である。ただし、運動としての概念とは別に、米国の環境正義を類型化した場合、環境をめぐる便益―損害の分配の社会的公正をはかる正義と分類し、環境をめぐる正義の一局面をカバーしている議論にすぎず、これを狭義の環境正義論とする見方もある（池田 2005：19）。

（5）デリダにならって、仲正昌樹は実定法の意味体系には回収しきれないものを〈正義〉と名づける戦略をとることで、〈正義〉と〈法〉のずれを露呈させ、〈法〉を変動させていく契機を積極的につくり出していくことを指摘している（仲正 2001）。

第5章　法に組み込まれた「物語」

「不法占拠」とはいわゆる不法行為であり、その行為は「故意又は過失によって他人の権利又は法律上保護される利益を侵害」（民法709条）するものである。行政財産である国有地（空港用地）は国民全体の利益に適うものでなければならず、一部の人間がその利益を侵害している状態が「不法占拠」である。また「不法行為」を行った者は、「生じた損害を賠償する責任を負う」立場にある。したがって、たとえば強制移転させられた場合は、その者が移転費用等を支払わなければならない。

今回のケースでは、金銭を支払う側と支払われる側が逆転して、「不法占拠」地域に一軒当たり何千万円に上る補償金が支払われていることが特徴的である。これまで国が不法占拠にわずかな見舞金を支払った例はあるが、合法的な制度のもとで多額の建物補償と営業補償(1)が支出され、不法占拠が解消された点で今回の決定は画期的である。本章では国と伊丹市の交渉過程に焦点を当てて、なぜ合法的に補償されたのか、そのしくみと仕掛けを内在的にとらえる。

1 「見立て」という仕掛け

「人道」という物語

国の基本的な空港政策は、航空機をいかに安全に運航させ、利用者の利便性を増進するかという点にある。航空法の冒頭（第1条）でもこのことが明記されている。その観点から見れば、空港の中に暮らす人びとの存在は、空港政策上問題であるといえるだろう。しかし、今回の「不法占拠」地域に対する移転補償の決定は、空港に関わる法制度の枠組みを壊さず、むしろ逆にそれを活用するかたちで住民の生活保障を模索した結果である。

02（平成14）年の国土交通省の記者発表によると、「本来は、国が補償をする立場にはない。制度の適用の有無にかかわらず、国は立ち退きを求める立場にある」。「しかし、それでは実際の解決にはなっていないのも事実である。今回あくまでも人道的な立場から、異例ではあるが移転補償をすることに決めた」（第1章注5）とある。

通常、国の考え方は逆である。すなわち「個別的な事情はあるけれども、一般的な原則を覆すことはできないので、対応することはできない」という結論に至るのだが、ここではそのことが反転している。仮に特別処置として「見舞金」程度で強制移転すると、貧困を抱えている彼女ら彼らは、将来的に暮らしを立てられなくなる可能性がある。住民に納得して移転してもらうためには、「制度」に則った相応の補償金が必要である。いわば一般公共事業なみの移転補償を受けるための枠組みが必要になる。

しかし、これでは国は矛盾を抱え込むことになる。「あの地域で認められているにもかかわらず、なぜこちらの地域は認められないのか」という「逆差別」を訴える声がほかの地域から次々に噴出してきた場合、行政の対応にばらつきが生じる恐れがある。当然、国としてはこのような事態を回避しなければならない。既存の法制度を活用しつつもここだけに限定して、ほかに波及しないやり方を模索する必要がでてくる。それを可能にした仕掛けが、公共用飛行場周辺地域に適用される法律である「騒音防止法」である（第１章注４）。このような激甚な騒音下の「不法占拠」は、中村地区に限定されることになる。

新たな法律ではなく、騒音防止法という既存の法律を中村地区に適用することで、「不法占拠」かどうか、あるいは「在日」であるかどうか（国籍、民族）に関係なく、騒音を被る地域の「すべての被害者」に対して騒音対策が講じられることになる。土地に関する法に照らせば、中村地区は、「不法占拠」であり、家屋の撤去などに「生じた損害を賠償する責任を負う」立場にあるのは、中村の住民側である。ところが、「騒音」という切り口でとらえれば、不法性の能動（加害）性と受動（被害）性は逆転する。すなわち、騒音を発生させる空港の管理責任者である国の方が、騒音被害者（「不法占拠」地域を含む）に対して補償する義務が生じることになる。「不法占拠」地域の住民を騒音の被害者と見立てることで、ほかの騒音地域とまったく同じように補償を受けられる権利が発生する。

実はこの「見立てる」という部分に仕掛けがある。岡野八代は、デリダを借用しながら、法を次のように定義している。法とは「その起源や歴史性を問うことなく、〈わたしたち〉がある物事にたいして適用する規則・規範」である（岡野 2002：14）。したがって行政は、基本的に規則・規範（法律のコード）から逸脱する事業を行うことはできない。しかし、裏を返せば、適用するコードに「見立てる」ことができれば、法の起源や歴史性が問われないからこそ、ある物事に対してその規則・規範が適用されることが可能にもなる。言い換えれば、法制度におけるコードの同調性さえ担保しておけば、普遍的な法制度から本来は排除されるべき個別の「物語」を挿入する余地が、少なからず残されているといえるのである。

方便としての騒音防止法

ただし、騒音防止法をそのまま中村地区に適応することはできない。国の方も、「中村地区の住民は、正当な権限のないままに建築物を建築して生活しているため、土地に対してはもちろん、建築物に対しても騒音防止法に基づく移転補償はおこなうことはできない」と述べている。つまり表向きには騒音防止法に「不法占拠」に対する補償を行う余地はない。そこで次のように法の「仕掛け」を設けることで「不法占拠」に対して補償が可能となる。

「しかしながら、中村地区の環境整備を促進するため、建築物に対して移転補償を行う必要があると判断される場合には、移転補償を行う直前に一度騒音対策区域の指定を解除した上で、再び指定し直すものとみなすことにより、告示日前建物として建築物に対する移転補償をおこなう」。

一読しただけでは意味がわかりにくい。中村地区は、空港敷地内に「不法占拠」している状態にあるため、航空法でいうところの飛行「場内」にあたる。騒音対策が講じられる騒音対策区域は、飛行「場外」においてのみ適応されるので、当該地区はその適応外となる。そこで、いったん当該地区を一時的に空港「場外」に出すことで、騒音防止法の適用地域に組み入れることが可能となる。ただし、騒音対策区域の指定等は国土交通大臣の認定事項であるので、法律自体を新たに設定する必要はまったくない。またこうした認定事項を一般の人が目にすることもほとんどない。

騒音防止法は、本来空港周辺の騒音問題の解決を目ざすためにつくられた法律であるけれども、今回の中村地区への適用は、少なくとも騒音を解消したり、軽減したりすることが目的ではない。「環境整備、これは行政用語で、できるだけ多くの支持を得るために便宜上使った」と伊丹市が言うように、あくまで騒音防止法の適用自体はいわば方便である。「不法占拠」地域の生活保障のための「理屈」として、結果的に移転補償制度が活用されたのである。「不法占拠」を円満に解決するための法律が、たまたま騒音防止法であったといっても過言ではない。

空港は誰もが平等かつ公平に利用できるよう、私的な利用は固く禁じられている。このことが空港の大原則（「公共性」）である。にもかかわらず、私たちの世界では、不作為に私性が絡んでくることがある。中村地区の場合、歴史の意図せざる結果として彼女ら彼らが「不法占拠」せざるをえない状況が生まれた。国は原則として「不法占拠」を認めないという立場を堅持しつつも、その内実においては、「人道上やむをえない」「不法占拠地域の環境整備を進める」という「物語」（ストーリー）を法に組み込む。こうして最終的に「不法占拠」地域への補償が決定される。

実際に、ほんとうにやむをえなかったのかという精査を行うかどうかは別として、少なくとも、「やむをえない」と国が公に言明することによって、普遍性から個別性をすくいあげるための正統性（レジティマシー）が確保される。法律は例外を認めないのが通例であるが、法制度に物語を挿入することで、中村地区という個別性がすくいとられる。つまり、騒音の有無の精査を脇においたまま、一般公共事業なみの補償を受けるために、人道と環境整備という「物語性」を組み込み、法制度を便宜的に転用できる余地を法内部に創出したのである。

伊丹市の論理

02（平成14）年の記者発表の段階では、国は人道上の問題として、中村地区の人びとが「生活を続ける場の確保」が必要と考え、建物補償を行う一方、営業補償は認められないと強固に主張していた。ところが、その後この決定は覆され、営業補償も行われることになった。その理由を伊丹市の担当者の聞き取りから探ってみよう。

「平成2年の時に（国は）補償は絶対出しません。どこの法律をついても出せる方法ありませんよ、まして空港場内です。そこがネックになって、平成2年の（交渉の）時はこの問題（解決）が頓挫した。今回の場合、補償を出す、また補償を出す根拠の法令、これをまず国の方で決めてもらうことが第一。その補償は、騒音防止法の移転補償でやるということが決まった。

ただし、（国は）営業補償は出しませんと言っていた。なぜ出せないかというと、理屈とすれば、そこに住んでいる方の救済策である。したがって、そこで暮らさなければならないという人を救うための手立てであるが、そこで金儲けをやっている人まで出すとなれば、会計検査とか、世間の合意を得られない、したがって、それはやりませんというのが当初あった。であるならば、われわれはその時の方針として、（中村の住民が生活のために）営業できるような別の手立てを考えないといけないと言った。別の手当ていうのは、たとえば土地を貸して、そこで営業できるようにしてあげるとか、土地の手当てをやってあげないといけませんよ。その研究（を国の方で）やってくださいということで、営業補償が良いとか悪いとか、結論は言わなかった。

ところが、そこでひとつ、移転補償を騒音防止法でやっていこうということがまず決まった。それをまず勝ち取るのがひとつのポイント。それで、騒音防止法を適用するとなれば、同時に土地の手当ても考えていますけど、それは難しいことも同時にわかってきたこともあり、騒音防止法を適用するということならば、その法律には営業補償もある。やっぱり平等に扱わなければいけませんということで、今度は方針を変えて、営業補償を訴えることに加えて、土地の手当てで個人に払い下げることが難しいことや、いろんな難しい要件が出てきました。じゃあもう営業補償、いわゆる金銭決着がいいかなあという風に、国の方も徐々に変わってきた。ですから当初は移転補償の根拠法令を騒音防止法でもって移転補償を出すことを確定させるのが一番の目標で、そこまでやったら営業補償の問題については、いずれ解決するということをわれわれは考えていました」（伊丹市前空港室長、03年４月）。

伊丹市は当初から営業補償を考えていた。しかし、あえて国との交渉にはそのことを提示しなかった。なぜなら、実現困難な営業補償をもち出すと、移転補償そのものの枠組みが壊れてしまうことを懸念したからである。そこで、人道と環境整備という「物語」を先に国に明言させたのである。そして、国が後退困難になった段階で建物補償を確約させ、それから営業補償の交渉を行う。そのような交渉過程で伊丹市が国に突きつけたのは、次の2つの選択肢である。つまり、営業補償を認めないで中村地区の環境整備全体のスキームを壊すのか、あるいは、営業補償を認めて全体を進めるのか、という選択肢である。

伊丹市による国の説得の論理は次の通りである。騒音防止法にもとづいて建物補償が認められるのに対して、同じ法に明記されている営業補償を「不法占拠」だからという理由で認めないのは、「法の下の平等」という趣旨から説得力に欠ける。騒音防止法という法制度を逆読みすることで、普遍性のなかでは個別性にかかわりなく、例外なしに法を適用すべきであるという論理が用いられる。もちろん営業補償を重視した背景には、中村地区が抱える固有の事情がある。それは、彼女ら彼らが歴史的な文化性を帯びた職住一体型のコミュニティを形成しており、仮に移転先が確保されたとしても、生業の基盤自体が失われるような移転計画は、「絵に描いた餅」にすぎないことを、伊丹市は熟知していたからである。

また、事業者に対して事業所用地として国有地を売却することも同様である。国有地の払い下げを直接中村地区に対して行うことはできない。国有財産は随意契約して直接売却することができないうえに、普通財産（公共用に供される行政財産以外の国有財産）の転用であるときは一般競争入札となり、中村地区の人びとがその土地を取得することは困難となる。こうした問題に対しても法律の壁がたちはだかる。

しかし、これも騒音防止法にもとづいて発足した独立行政法人空港周辺整備機構という独立した組織にいったん迂回させるかたちをとることで、最終的に中村の人びとだけが国有地を安価に取得することが可能となる。これも現行法を最大限に活用して編み出したしくみである。

伊丹市の立論のしかたを見ると、「公共性」とか「合意形成」など、法のコードが先行してあるのではなく、あくまでそれらは事業全体を進めるための補助的な理屈にすぎないことがわかる。まず大前提として、「不法占拠」という不正常を解決することが優先事項であり、移転補償事業が「できない」という事態は最初から念頭になかったと述べている。この前提に立つと、法律や公共性は事業の背景に再配置されることになる。つまり、法制度には、本来の表向きのコードとは異なる、正統性を裏づけるバックアップ機能という裏の役割がある。そこで次に、法に組み込まれる「物語」の実相とその社会的意義について考察していくことにしたい。

2　権利者を設定する物語

独自の歴史観にもとづく物語

「不法占拠」地域である中村地区の背景には、在日という問題がある。当事者たちが問題解決をはかろうとすると、戦前戦後の歴史的経緯からたちまち政治問題に発展し、政治的決着か裁判による法廷闘争のどちらかということになる。そうなると、行政は調停などの消極的な関与に限定されることになる。政治的決着や法廷闘争は問題をより複雑にし、当事者間にしこりや禍根を残すことになりかねない。

典型的な例が、京都のウトロ「不法占拠」である(2)。そこは、約2万平方メートルの民有地に65世帯、約200人が暮らしており、伊丹の「不法占拠」地域と比べると、およそ半分の規模である。ウトロでは、土地の明け渡しを地権者に求められた在日の住民が居住権を主張したが、最高裁で上告を棄却されている。ウトロでは、政治的・法律的決着によって住民の生活権を保障するという根本的な解決に至らなかったことから国際問題に発展し、多くの人びとの知るところとなった。つまり、法（土地の所有権登記）と歴史（植民地主義の清算）が地権者と住民間のヘゲモニーや正当性を争う場となってしまい、行政が立ち入る隙がなくなってしまったのである。したがって、行政が積極的に関与するためには、できるかぎり政治色のない統一した物語性を理屈として法に組み込むことが求められる。その場合、戦前戦後の歴史をいったん棚上げする、新たな認識枠組みが必要である。

伊丹市の行政職員が集まって、ある独自な歴史観のもとで問題解決のための物語を紡ぎだしている。その論理をまとめると次のようになる。

ここ百年を見ると、日朝・日韓関係は非常に悪い時代であった。そこで、「日本は（戦後）補償をしなさい」という理屈になる。一方、千年という幅でみると、日本国における今日の文化の基層において、中国・韓国の人びととの貢献が非常に大きい。したがって、在日を含めた人びとに不幸をもたらしたことへの補償というかたちではなく、「恩返し」として20世紀の間に「不法」状態を解決し、中村地区の人びとが「在日としての誇り」をもてる移転補償事業にしたいという思い（＝物語性）があったという。

まず「不法占拠」という認識のもとに強制排除を行うという選択肢は初めからない。次に、だからといって軽々しく「不法占拠」地域の人びとを救済するという選択肢もない。そこで登場するのが第三の選択肢である。行政が「不法占拠」という認識そのものを以下のように転換（＝物語化）することで、事業全体の位置づけが組み替えられることになる。

中村地区が今日あるのは、戦時中の半島からの労働力の調達と、戦後の混乱による残留と集住という根本的な問題、および民族差別による貧困と生活苦や周辺地域からの分断によって自生的な在日のコミュニティが形成されたことによる。迷惑産業としての大規模リサイクル業など都市に不可欠な産業基盤を担っており、社会の安全弁の役割を果たすことで、事業経営と生活が定着している。以上の歴史的・社会的背景の認識をもとに、「不法占拠」せざるをえない彼女ら彼らを市の構成員（市民）としてとらえ、この地で少数者が抑圧されずに生活していく権利が社会的に保障されていなければならない、という中村地区における基本的な認識枠組み（＝統一した物語性）を創出している。

権利者としての設定

本章では、法をどのように解釈するかという水準ではなく、人びとの幸福追求という水準から法が取捨選択されている現実を見てきた。ここでは法は誰のためにあらねばならないのかが問いかけられる。

まとめると、伊丹市行政は中村地区の人びとが自分たちのおかれた不正義を申し立てることができない(3)ことを踏まえたうえで、単なる社会的弱者というとらえ方ではなく、彼女ら彼らのコミュニティが地域や空港に果たした役割を認識したうえで、「不法占拠」に対抗する独自の「物語」を紡ぎだした。そこでは中村地区の彼女ら彼らは、ネガティブな存在としてではなく、空港建設などに従事することで、戦後日本の再建と繁栄に貢献したポジティブな存在に転化する。これまで法から排除されていた人びとが、「不法占拠」であるかどうかに関係なく、良好な環境を享受し、移転先で暮らしを立てることができるよう、法律上の権利者として設定されたのである。

注

(1) 建物補償は、騒音防止法第9条の「移転の補償等」において、第3種を含む第2種区域(中村地区はこれに該当する)に所在する建物の所有者が建物を第2種区域外の地域に移すとき国が損失を補償することを指す。営業補償は、騒音防止法第10条の「損失の補償」において、激甚な騒音により事業を営んでいる者がその事業の経営上の損失を被った際に、国がその損失を補償することを指す。

(2) 京都府宇治市伊勢田町にある「不法占拠」地域のこと。もとは「宇土口《うどぐち》」と漢字表記されていたものが、カタカナで「ウトロ」と表記されるようになった。第二次世界大戦中に京都飛行場建設工事に従事した朝鮮人労働者と家族の「飯場」がおかれたことがウトロ地区の始まりである。89年(平成元)年、土地の所有権をもつ不動産会社が住民に「建物撤去・土地明け渡し」を求めて訴訟を起こした。住民は最高裁に上告したが、00(平成12)年棄却決定されている。住民の生活を守ろうと韓国の市民団体を中心に募金や支援活動が展開され、01(平成13)年に国連の社会権規約委員会(スイス、ジュネーブ)において「ウトロ強制退去の違法性」をアピールした。さらに07(平成19)年、韓国国会は土地買収など海外同胞の生活支援の一環として、30億ウォン（約3億6千万円）拠出を盛り込んだ08年度予算案を可決している。

（3）本章では中村自治会との交渉過程は省いている。今回は強制移転などを行う公権としてではなく、環境整備という名目で移転補償の国家事業が進められた。そのなかにあって「不法占拠」地域の住民の立場は相対的に弱いものとなっている。住民の弱い立場を代弁して、伊丹市が国と交渉する役割を果たし、自治会も市に全幅の信頼をおいていた。

第6章　剝き出しの生にあらがう人びと

1　例外化の権力

「人道上」というレトリック

本章では、第4・5章で述べてきた移転補償の「ポリティクス」や仕掛けとは異なる角度から、「不法占拠」地域における移転補償の内実をとらえてみたい。

前章で見てきたように、国は、原則論としては国有地の「不法占拠」を認めないという立場を堅持しつつも、中村地区の移転補償を「人道上やむをえない」と英断するに至った経緯がある。少なくとも、この「やむをえない」という言明によって、一般化からある個別性をすくいとる「正統性」(「制度化された非常手段」)を確保することが可能となった。

一方で、「人道上やむをえない」というかたちで特殊性に閉じ込めることは、同時に次のことを私たちに開示してくれる。すなわち、今回の移転補償は、「不法占拠」の実態を〈不法でない占拠〉と〈不法である占拠〉に振り分ける権力、さらに〈不法でない占拠〉を「例外」として扱う権力（＝「例外化の権力」）を国家がつねに掌握し保持していることを示している。だが、ここで私たちはこうした「例外化の権力」そのものを揺るがす必要がある。言い方を換えれば、すべての不法占拠に中村地区の補償の論理を拡張できるような一般性を示しておく必要があるということである。それによって、政策上のポリティクスとは別次元に、〈不法でない占拠〉と〈不法である占拠〉がつねに相互転換されうることを提示したい。

「不法でない占拠」と「不法である占拠」

現在の中村地区は、数十年前中村地区を特徴づけていた「粗末な」バラック小屋の風景とは歴然たる違いがあり、コンクリートなどの頑丈で「立派な」建物が立ちならんでいる。もし現在、中村にある建物や家屋の多くがバラック小屋であるならば、移転補償の金額はわずかなものになっただろう。よって、国が補償を決めた時点で、中村地区の住民が今後相応に暮らしていけるような金額が、建物の評価額からすでに算出されていたことになる。そうでなければ、住民は移転について合意することもなかっただろう。そもそも当事者である住民が納得しないような補償事業を、国は選択しなかったはずである。国交省本省の幹部クラスが通常行わない現地視察を幾度も実施し、その際に確認したのもこの点であった。後述するように、実際に現場を突き動かしている潜在的なダイナミズムが、今回の移転補償の決定を導いたと見る方がむしろ自然である。

今回の移転補償事業では「建物」補償が柱となっている。そこからわかることは、中村地区が全体として相当額の財（「立派な」建物）を築いてきたという単純な事実である。もちろん、国は建物の価値評価ができれば事業を遂行できる。だが、その財は中村地区の60年間の痕跡である。この歴史的な蓄積を抜きにしては、今回の移転補償は成り立たない。国が示すような人道上というレトリックは、論理的な説得力を欠く。現在より騒音が著しかった時代（関西国際空港の開港以前、大阪国際空港では国際便が多数運航されていた）に、同じ人道上の理由を根拠として、なぜ騒音防止法を適用しなかったのか、業務上の責任が問われかねない。

ゆえに、国による「不法占拠」地域の〝建物補償〟の適用は、国有地上で人びとが財を投下したという「歴史的蓄積」を、国が間接的に認めることになる。ここで強調しておきたいことは、移転補償制度が先にあってそれを中村地区に適用したのではなく、人びとの生活を保障するための「理屈」として移転補償制度が活用された点である。より踏み込んでいえば、今回の移転補償は実際上、現地の「生きられた法」に、国の合法性をかぶせるかたちで行われているということである。

「生きられた法」とは、第7章で詳しく述べるように、法律を打ち消していく、法とは異なる原理で作動しているリアリティである。この中村地区の現場がもつインパクトは、法の外の動きが法の〝下〟で発動されている、という潜在的なダイナミズムにある。

本章と第7章では、現地の日常的な生活実践を描き出すことで、移転補償の人道的根拠でもなく、経済的根拠（貧窮対策）でもなく、また法律的根拠も裏切るような（したがって国はそれとして認めない）「社会学的根拠」を提示する。〈不法でない占拠〉と〈不法である占拠〉を振り分ける例外化の権力を超える仕掛けを、社会学的根拠として2節以降で示す。

力の関係の転倒

ここで、第3章で論じた「法の暴力」を再考しておく必要がある。法による庇護の対象外におかれることで、「生活保障」が権利として認められない点において、中村地区は二重の意味で法から剝奪された「例外状態」であると位置づけた。アガンベンは、「剝き出しの生」がついには政治的基礎構造にすらなる、という予言を行っているが、これは一面において、まったく妥当であると思う。

カフカの掟の門のように、国民国家における法は、自ら何も禁止することはない。そのなかで、中村の「不法占拠」の状況は、「在日」自らが主体となって行為せざるをえないようなパラドックスとして機能している。言い換えれば、法との関係を維持するために、法とは関わってはならないという法（＝掟）の形式は、法的なヒエラルキーではなく、「力関係のシステム」として立ち現れる。

たとえば、自分たちが「市民」（行政区分）という概念から外されている状況を中村地区の自治会役員は次のように発言する。「行政の谷間です。この前ね、伊丹市が下水道百パーセント達成したという連絡受けました。そやから中村は伊丹市民が住んどるんやけども、この中村の住民は伊丹市民じゃないんですか？という疑問符つけて送り返したんやけども、まだあれから返事もらっていない」。またある住民は、自分たちが動物化されていく「剝き出しの生」を、「ここ（中村地区）にいたら、人に認めてもらえない、だいたい、人間扱いしない、ああ、アパッチ（ママ）に住んどんのか、こうなってしまうからね」と言う。つまり、人間として認められたいなら、「不法占拠」地域からさっさと出ればいいという話になってしまう。

ただし本書全体からすれば、法から除外された例外状態は最終的な帰結ではなく、前提条件である。それは次のような意味である。法のあらゆる側面があらかじめ決められているというのではなく、力関係によって法が成り立っていると考えるのである。とするならば、その例外状態を解放するヒントは、「剝き出しの生」にあらがう人びとの実践に隠されているのではないか。このような推測が論理的に成り立つ。つまり、法の内・外における主体の行為によって、法システムそのものを変えることを可能だとみるのが、カフカ論における法の位置づけである。法がいつも現前しないかたちで私たちに内在している場合、主体の実践が力の関係を変えうる。

アガンベンの診断は、中村地区の「不法占拠」が例外状態であるということを適確に説明している。だが、なぜ制度上「不法占拠」地域に対する移転補償を行えるのか、ということに関して、十分な説明をすることが難しい。アガンベンの読みは、主体化が構造的に不可逆な状態として決定され、統治側の権力がつねに主題化されているところに弱点がある。彼はヒエラルキー的な法体系が主体を規定するのではなく、法が主体の力関係によって成り立っていることを示しながら、その実、関係自体を統治構造から決定論的に把握しようとしてしまうのである。

次節では、境界における主体からの自己準拠的な生の働きかけやふるまいによって、「力関係のシステム」自体が内在的に変革されることを、中村地区のコミュニティにおける具体的な現実の場面に即して考えてみたい。

2　貧困から生まれたお地蔵さん信仰

単なる石ころ

中村地区には、「お地蔵さん」が鎮座している祠がある（口絵写真12）。経緯は次の通りである。石好きの在日朝鮮人の故Aさんが、40年以上前に近隣の社寺（宝塚市内の中山寺または清荒神清澄寺）から石を拝借してきたのがきっかけであった。その石は当初、中村地区内に無造作に地べたにおかれた状態だった。伊丹市の隣にある尼崎市の守部から来ている俗にいう拝み屋さん（先祖供養専門の祈禱師）がその石を見たところ、由緒正しい石で若いお地蔵さんであると占う。その後、祠が据えられて立派なお地蔵さんとして祀られることになった。

一時期、夏の地蔵盆のお祭りには、百灯を超える提灯が灯されたという（口絵写真15）。そこでは、民族的な踊りや歌などで村中が盛り上がる。一見すると日本風のこのお地蔵さんは、人びとにどのようにとらえられているのであろうか？　中村地区の人びとの生活実践に即しながらお地蔵さんをとらえてみよう。

在日1世のおばあさんCさん（80歳）は、次のように当時の様子を語ってくれた。

「（中村地区が）火事なっても1軒、2軒と違うもんね、火事なった言うたらもう火の海なる。普通の火事と違いますねん。私らも、迷信がある言うたらあるし、ない言うたらないけど。この神（お地蔵）

さんがね、私らここに、私ら20（歳）でここに来て、私ら何にも知らんもんやから、これ神さんの石か、何の石かも知らんと、私ら洗濯する時ここで石で叩いてから洗濯しますねん。じゃーっと洗濯粉つけて、棒で叩いてオシメやらも全部洗うたり。そんなんした石が、結局このお地蔵さんの石ですわ」（Cさん）。

実は、あとでこのCさんのお茶飲み友達であるBさんに聞いてみた。Bさんは宮崎出身の日本人で、石を持ってきた故Aさんの妻であり、CさんはもともとAさんが持っていた飯場で飯炊きをしていたという旧知の間柄である。すると、洗濯をした石とお地蔵さんの石は違うということを〝こっそり〟と私に教えてくれた。たしかに、お地蔵さんの石は長さにして30センチぐらいで、洗濯をするのにはどうみても不向きなように思える。

しかし、BさんはCさんの話をそばで何度となく聞いていて、その内容についてあえて「訂正」するようなことはしないのだという。それは「友達がそのように信じているのだから、そこで（Cさんの言葉を）訂正するのはかわいそうだ」という理由からである。友達であるBさんはCさんのいったい何を大切にしたのだろうか？　もちろんここでは、史実としてどちらが正しいかということを問題にしているのではない。

貧しい暮らしと立派な石

お地蔵さんの石と洗濯の石が異なるという「事実」よりも、お地蔵さんの石と洗濯の石が同じである、とCさんが考えている「事実」の方を、Bさんは大事にしているのである。私たちは、まずはそのようにCさんが信じているという事実それ自体をまるごと受け入れることから始めよう。そしてCさんが話す内容には、Bさんが共感し事実を伏せるだけのどのような深い真実があるのかを探ってみよう。その内容を追ってから、再びCさんの語りの解釈を試みたい。

「最初は地べたに（お地蔵さんを）置いてましてん。それで子どもがお湯呑みからみな、ままごとして遊ぶんよ。そやから今度は（一段）上げたの、ちょっと高くしてん。それから（その石を）奉るようになってん」（Bさん）。

「そう、その石をね。ああ、うちらいつも洗濯したり踏んだり棒で叩いたりしてたのにな、こんだけ『出世』したんやなあ思うていつも涙出とったよ。やっぱり川の、あんだけ粗末にした石をね、こんだけちゃあんと村に奉ってね、こんだけしたら、そら、人間にしたらそんだけ立ち上がって出世したってことでしょう、いうたら。そういうことを比べて勘案したら涙が出てくる。この石はこんだけ出世すんのにね、私らね貧乏でな、こんなん思ったら涙出て」（Cさん）。

不思議な自然観（アニミズム）をCさんはもっている。Cさんは、お地蔵さんの石が洗濯の石と同じであるだけでなく、自分たちの貧しい暮らしをその石に投影し、ひとつの石に二重の意味を掛け合わせて語っているのである。お地蔵さんの石と洗濯の石を同じ石として意味を重ね合わせることで、次のような解釈を可能にした。つまり、自分たちが足で踏みつけて粗末にしている石が、一夜にして一段高い所におかれて、「立派な」お地蔵さんに華麗に変身したのである。そしてこの石を人間にたとえれば、大出世したことになる。現在自分たちがおかれている境遇と将来に対する絶望のなかで抱くかすかな期待が、Cさんの「事実」としてここでは示されている。すなわち、友達のBさんが共感し事実を伏せる真実とは、当時、自分たちが「貧乏」で苦労してここまでやってきたという共通の経験そのものを指すといえよう。

火を鎮めるお地蔵さん

では、こうしてできたお地蔵さんには、はたしてどのような信仰が集まるのだろうか。ただし、Cさんにとっては、お地蔵さんの石はもともとただの粗末にしていた石である（と思っている）ことは明らかである。ただ一段高い所に上がった単なる石ではなく、Cさんに神様の「特別の石」と思わせるものとは、いったい何だったのだろうか。

「言うて悪いけどね、（お地蔵さんができてから）中村は火事にあんまりなれへんかったんです。そやさかい、神（お地蔵）さんのおかげやなあと思う人も私だけじゃないと思いますよ。私らほんまにそう思うたもん。あんまり火事がなるさかいね。そやからね、神さんちょっと火事ならんようにね、見守ってちょうだい言うて、あんなもしたり礼もしたりね。（中略）

そんでもこの石、普通の石違う、こんな石もあんのかな、神さんの石かな思うけども、あの時はまだ若いさかい、どこまで神さん信じていいのか、神さんに手も上げん時やからね。子どもやもん。歳がだんだん行くさかい、自分の子どもが病気にならんと大きなってくれいうので、親の気持ちとして手合わせたりすんのと違いますか。ほんまにこの石祀りはじめ、お祭りしたですねん。その時はなんや知らんけどうちら悲しい。

この石でね、あほみたいにうちら子どものウンコやら洗うてする時は粗末でしょう。汚いのね、女たちが足洗うたり。そんでしていた石が『村の大将』なって、村の真ん中に家建てて奉っといたらね、ほんまに成功したでしょ、人間としたら。人間としたら金持ちになってね。それなのにうちら貧乏で粗末にしててね」（Cさん）。

まず、これまで中村地区の人びとを苦しめていた火災が、不思議なことにお地蔵さんが村に鎮座するようになってから少なくなったという。この不思議な出来事のからくりは、お地蔵さんの法要にきた拝み屋さんが、「この人（中村の住民）が火をつけたのだ」とぴたりと言い当てるからであるという。人びとは貧しさから抜け出すために、時には保険金目当てに自らの家を燃やすようなこともする。だが、家屋が密集し、かつどれも燃えやすいバラックである中村地区では、火災の発生は一軒のみならず、まさしく村全体の問題なのである。

このお地蔵さんに関わっている拝み屋さんの予言を借りるかたちで、人びとの「気配り」が働く。そのことにより、人為的な火災の発生を防いだのではないかと推測される。ここには「生きられた法」が発動しているといえる。つまり、「不法占拠」はやむをえないが、人為的な火災は許せない、という違法／不法を分ける明確な区分（秩序）が彼女たちのなかにある。それを分けさせるものは、もちろん実定法でもないし、慣習法でもない。中村地区の人びとの生活基盤そのものを破壊するものは「違法」なものとして断罪され、維持するものは「不法」ではあるけれども人びとのあいだで許容される。

メタファー空間の現出

ただし、「断罪」されるとはいっても、自分たちと同じ境遇として貧困であるという点では変わりない。したがって、気持ちのうえからは十分「許容」されるべきものである。では、この断罪と許容という相矛盾する心理をどのようなかたちで解消するのだろうか。自己―他者関係においては、人間関係として禍根やしこりが残る。そこで登場するのが、自己―他者という二者関係を一気に昇華させる「神様」という第三の存在である。

お地蔵さんにかこつけるかたちで、「神さんが見守ってくれる」ことになれば、他者を厳しく断罪することもなく、「これはやらないほうがよい」というように、ゆるやかなかたちで自然に火災が減り、「村の秩序」が生成されていくのである。特別な石だから拝むのではない。そうではなく、子どもを病院に連れていくお金がなかったり、電話がない時代に消防車を呼ぶことができずに火災が拡ったりした、悲惨な体験を経てきた。その体験こそが彼女たちに、自分が洗っていた粗末な石に対して、自分たちにご利益をもたらす「特別な石」だと信じ込ませてしまうのである。

お地蔵さんは、文化的実践（祭り・信仰）として広められていく。このお地蔵さんは、たんに宗教的・信仰的意味にとどまらず、字義通り土地を治める意味で祀られていく。毎年夏の地蔵盆のお祭りには提灯を下げ、自治会も含めてお供え物を行っており、即興で音楽に合わせて踊りの奉納がなされたりする（口絵写真14）。わたしも実際踊ってみたのだが、実に楽しく何か解放された気分にさせてくれる。祭りの夜、飛び立つ飛行機の轟音の下で不気味なサーチライトに照らされて、それとは〝無関係〟に踊りが繰りひろげられる様子は、感慨深いものである。

人びとの実践は、結果として、そこが空港用地であることや法そのものを打ち消すリアリティとして立ち現れる。したがって、「村の大将」であるという人びとの言質は、「空港の大将」にはならない。これは村の心（神）が深く大地に刻み込まれ突き刺さっていく領域の発生を物語っているのである。こうした心（神）的メタファー空間は、政治的にも経済的にも保障されていない絶対的な剝奪状況のなかでまさしく実践され現出したものなのである。

立派になる中村地区

日本の国家政策によってある人びとに絶対的な社会的剝奪状況が生じ、「不法占拠」が生み出される。その結果、バラックと在日韓国・朝鮮人とがイメージとして結びついていく。いわば、ルールを逸脱している人びとがいるのではなく、ルールによって逸脱を余儀なくされる人びとが出現する。このことは第3章で詳細に述べた。

政策を批判的にあぶり出すことは重要であるが、ここではあえて問わないこととする。なぜなら、本章のテーマは、不法をつくり出すものとは何かを問うのではなく、1節で考えたように、〈不法でない占拠〉と〈不法である占拠〉を超えるダイナミズムを抽出することを、プロブレマティーク（問題関心）に据えているからである。この観点から中村地区における60年間の「歴史」をとらえると、

「お地蔵さん（による予言の自己成就）効果」、つまり現在の中村地区は立派になったことが浮かび上がる。しばしば、「（むかし）ダンボールに住んでいたものが、立派な旅館かホテルになったようなものだ」というようなたとえ方をする住民もいる。単なる石ころが立派なお地蔵さんに変化したのと同じように、当初、ザラ紙一枚だけで隣を隔てるバラック小屋から、木造や鉄筋コンクリートの家々に変わっていった。そして今回、防音設備の整った市営住宅へ変貌していく過程として、中村地区の通史をとらえることができる。

このような変化は、彼ら彼女らが経済的・法律的・政治的保障のない状況下にいながらにして起こった事象である。絶対的な社会的剝奪にもかかわらず、人びとは現実に生きて自分達の暮らしを立てている。それだけにとどまらず、つねに地区（ムラ）が「発展」してきたというとらえ方を人びとが示し、現地の風景を見ても立派な建物群が少なからず増えたという印象をもつ。ここにはアガンベンが示してきたような「剝き出しの生」とはかけ離れた実態も同時に存在するといえよう。不作為・作為的な剝奪状況によって生まれた空白地帯（「不法占拠」地域）が、なぜ社会的発展を成し遂げうるのかという反転、すなわち、経済学・法律学・政治学以外の説明を要する社会学的事実がここに存在する。この「お地蔵さん効果」とは、持たざる者が、ゆくゆくは富んでいく逆転現象を指すことになる。お地蔵さん効果への着目は、絶対的な社会的剝奪状況や無から有を産み出していく主体の実践力の発露を説明しようとするものである。

ここでは、どのように構造転換、すなわち制度による移転補償がはかられるのかを見ていくことにしよう。ただしその際に、彼ら彼女ら中村の人びとが環境（上水道・電気・道路）、経済（職業・年金）・法律（騒音・土地・住居）・政治（国籍・教育・参政権）といった物質的・社会的基盤を一切剝奪されていたことを再確認しておく必要がある。このような剝奪状況にあって、それを埋め合わせていくさまざまな生活上の仕掛けがある。いかにして彼ら彼女らは創造し、何を産み出すことができたのだろうか。

3　剝奪を乗り越えるさまざまな仕掛け

貧困を軽減する実践

無から有を産み出している「お地蔵さん効果」と貧困を軽減していく仕掛けを、具体的事例に即しながら示していきたい。

不渡手形を出す奔放な夫をもつ奥さんのIさんはかつて、どうしてもお金に困って、次のように隣のおばあさんからお金を受け取る。

「人に迷惑かけたもん。ここのおばあちゃん（他人）に助けてもらった。主人も自分の役職を利用して、よお金を使いよった。ここのおばあちゃん、銀行振り込むお金がなかったから、百万、二百万。おばあちゃんが私の顔を見て、ものすごいするどいんやな観察力が。私の顔をちょっと見て、ちょっと待っとれ言うて、ぺーと走っていきよんねん。（私は彼女に）何も言うてないねん。帰ってきて百万円の札束を2つぱっと置いて、こんなけあったらいけるやろ言うて。なんやのそれ言うたら、お前お金欲しいんちゃうんか。欲しいけども、おそろしいわ、そんなん借りたらどないして返すんよ言うたら、お前の生きているうちに返してやってくれたらええ言うて。お前が生きていたら、わしの息子がいつまでいい暮らしをしているかわからへんし、その時に返してやってくれたらいいし。孫の代で返してくれてもいいし。ねえさん、いつまで（私が）生きてなあかんの、言うて（笑）」（Iさん）。

この発言は、たんにおばあさんとIさんとの個人的な関係性を表しているのではない。コミュニティ研究によれば、おすそ分けをしたり、何らかの共同作業をすることで、相互の絆が強まるのがふつうである。しかし、中村地区における人びとの関係は、必ずしもその場その場のあり方を規定しているわけではない。より切迫したリアルな人間関係としてしばしば立ち現れる。

放蕩な旦那をもつ奥さんの目をじっと睨みつけ信頼を託せる人物だと評価すると、土地や建物ではなく、その「人物」自身をお金の担保とする。そして今度はその金銭の貸し借りの関係を2人の関係ではなく、子や孫といった行為者を超えた将来世代にまで延長し付託していく。これはいったいどういうことか？　なぜIさんは、このおばあさんから最終的にお金を受け取ることができたのか、ということを考えてみる。もし、そのおばあさんとIさんの関係だけだとすると、Iさんは絶対にお金を受け取ることができない。Iさんが表現しているように、そのお金は「恐ろしい」ものである。おばあさんは一方的にIさんにお金を渡すことになるので、ここにはアンバランスな関係が生じ、等価な交換は成り立たない。

けれども、「自分（おばあさん）が死んだあと、自分の息子や孫が困ったとき、Iさんが今度は

『親代わり』としてこのお金を使ってくれ」と逆に頼まれたとき、こうした不平等な関係は「等価」なものとして解消されることになる。もちろん、いうまでもなく、このおばあさんはお金が戻ってこないことも覚悟のうえで渡していたであろう。「不法占拠」せざるをえなかったさまざまな事情を理解しあう心情はもちろんある。ただそれだけでなく、生活の不確定な部分を軽減し、対等な交換秩序を生み出す具体的な仕掛け（生きられた法）が、「剝き出しの生」を打ち消すかたちで実践されている。ここでの「生きられた法」とは、不安定な生活ゆえに、一方的に信頼するだけでなく、信頼される側にも回らざるをえないという「相互信頼の規範」の創出である。この生きられた法が、貧困を回避し無から有を産み出す起動力となっていく。

反目のアイデンティティ

今度は、中村地区における労働および生業活動に焦点を絞って、構造的な貧困を変革していくプロセスを考えてみたい。まず、中村の人びとが職業を獲得していくプロセスの特徴は、「人と同じ事をしていてはいけない」という〝反目〟のアイデンティティにある。中村地区の古参であり、現在も中村地区で猪猟と罠の仕掛けの事業所を営むRさんは言う。

「ぼくらは、もう、あんまり惨めな生活して、ここから抜け出そうという、わしは二度と、親の二の舞はいかんでということで、うちの兄弟、全部出ていきました。わたしもそれで、出てきました。そやから、人のことやって、人と同じことしとってね、世の中、人よりええ目しよう思うと大間違いだ。人の何倍も働いて、何倍も頭使うてこそ、はじめて。だから、ここでおったら、いまでこそ、皆さん〈立派〉な家建ててますけどね。ここ、アパッチムラ（ママ）いうんですよ、アパッチムラいうんですよ……これは、皆さんは、それ、恥やから言わない、格好悪いと。現実に、アパッチ、（一昔前）伊丹の駅からタクシーで、中村行ってくれ言うたら、アパッチいややて。行きませんよ」（Rさん）。

職業の再生産は、彼らのあいだでは許されないのが実情であった。そのことは、従来の村にどっぷり浸かっていた親の世代を見ていると、たとえ子どもでもわかることであった。親の職業世界へそのまま入り込むことは、その先に「貧困」が横たわっていることを感覚的に学んでいったということである。コミュニティそのものを正統ではないやり方で、それぞれが組み替えていく。マートン流にいえば、目標と手段が文化的に制度化されている「同調」(conformity) 類型とは異なって、外部から見て多少許されない手段であっても目標に向かっていく「革新」(innovation) 類型に近い向心的活動といえよう。

したがって、制度上許されていないことであっても、コミュニティのなかではある種の逸脱がむしろ自己革新の型として称揚されているのである。中村地区の人びとに聞き取りをすると、Rさんだけでなく、多かれ少なかれ、反目のアイデンティティを形成しながらそれぞれの実践的コミュニティ（外部とのネットワークをもつコミュニティ）に参加していくことになる。

複合的な実践的コミュニティへの参加

中村地区にいると、仕事をするのも生活をするのも、「世間が認めてくれない」とRさんは言う。Rさんは中村におけるアパッチ(ママ)の酋長だと自任している。これまでに地区内の住民ともかなりの喧嘩をしてきたが、その理由はけっして保身のためではなく、他人のためである。ホームレスの人がいて、村でその人を見下した言動を目にすると居ても立ってもいられなくなり、相手を素手で殴り、いくども留置場のお世話になっている。

「金いうのは、今日何億持ったって、後なったらないんですよ、金いうのは。人間の心いうのは、一生ついてくる。だから、(見下して差別することを)許せません。(中略)たまたまこの人は、住まいがない。同じ人間で、自分が歩んできた道が、自分は実際、まっすぐ歩いとるつもりやけど、間違うて、こう行って、自分の人生いうのはわからんもんや。成功した人間は、自分の将来の人間ちゅうのわからないから。ほんだら、迷うて迷うて、こう一生暮らしているうちに、うまいこと、自分にマッチしたやつをぽっと当たったら成功するわね。ただそれだけのことや。そやけど、そのルンペン(ママ)(＝ホームレス)にしても教えてもらうことがある。人間ちゅうのは、あんまり馬鹿にしたらいかんよ」(Rさん)。

Rさんの平等観は、差別を受けて惨めな暮らしを送ってきた自分自身の経験に裏打ちされている。そして、いまから当時を振り返れば、驚天動地ともいえる実践的コミュニティへと参加していくことになる。すなわち、北朝鮮への国籍変更(現在は韓国籍)である。当時、北朝鮮は平等社会の実現を目ざす社会主義の理想郷であったので、貧困にあえいでいる多くの在日朝鮮人はそれに魅了され、帰還していったのである(1)。

Rさんもそのような平等社会に賛同したひとりである。伊丹の朝鮮商工会の副理事も務め、金日成主席にも4度会っている。伊丹の猟友会の会長を何回も務め、元来の鉄砲好きが高じて、在日朝鮮総連本部の体育協会からの指名を受け、射撃選手としてモスクワ・オリンピックの予選に出場するために北朝鮮を訪問する。しかし、同期のトラック種目選手は金日成に5回会ったのに対し、彼は4回であった。この1回の差は、北朝鮮への寄付の金額がその人より少ないことが理由である。さらに自分たち選手団が特別扱いされていることで、Rさんは、この社会は明確な差別社会であると知る。北朝鮮のスポーツ団に仲間入りすることになったRさんだが、そこには、自分があこがれる理想とは大きくかけ離れた、矛盾を抱えた実践的コミュニティが拡がっていた。次のように思った彼は、帰国後早速国籍を韓国に切り替える。

「ほかの選手なんか、その場所なんか、飯一緒に食べたら、ビールどころじゃないがな、それがすでに差別や。俺（日本に）帰ってきて、それから、おーい、とんでもない、わし（自分は）天皇陛下扱いされた言うのや。わしら4人だけは。ほんだら、これ、どういうことや言うの、これ。完全に差別ちがうの、何が平等や」（Rさん）。

4　実践的コミュニティの語り

いま、法の外における生活実践がいかなるかたちで再生産され、無から財や知識がどのように蓄積されているのかということを、とらえようとしている。前節で見たように、中村地区は一枚岩で閉鎖的な地域コミュニティではなく、より重層的かつ複合的な実践的コミュニティへ向かって開かれていることがわかる。中村の生業活動について、聞き取りのモノグラフを続けよう。

鉄砲撃ち

Rさんは鉄砲の趣味に始まり、「与太者」から北朝鮮のオリンピック選手へ、そして今度はハンターの道へと華麗な転身を果たしていく。中村の「不法占拠」から抜け出して、反目のアイデンティティを推進力とすることで、狩猟の世界という実践的なコミュニティに参入し、豊富な知識をたくわえ、日本全国を駆けめぐることになる。

猟の罠機具は1台1万2百円だが、5台セット5万1千円でしか販売せず、中村地区内で製作している。日本全国津々浦々、市、町、村、農協へ有害動物の駆除を目的として販売、搬出する。また、猟も実際に行っており、猪猟のために日本各地へ出向き、山奥に分け入る（ある時期10年くらいのあいだ、福井の大野から岐阜へ抜ける途中の九頭竜ダムを横切って山鳥撃ちにも行っている）。猪は1頭約百キロ30万円で、松阪牛より高価であるという。毎年24、25頭捕るが、本職は猟の道具を売ることである。

「これ一番ちっさい鉄砲の弾。これは、私のライフルの雷管。ウィンチェスターの270。これ、雷管抜いてね、これいっぺんきれいに磨いて、ほんで雷管入れて、火薬量って入れて、弾頭つけて、撃つわけ。自分で作るわけ。だから、小さいときから、この（中村の隣の）猪名川の河川敷で、鉄砲撃ってたんですよ。で、猫捕るんですよ。あの時は、昔は全部いまみたいなスポーツやないんですよね。猫を捕って、三味線の皮に売るんですよ。そのうしろ行って、紙薬莢出す、このぐらいの弾でね、紙薬莢ですわ、これを拾うてやると、あめ玉と交換してくれるんですよ。それが、ひとつずっと、学校帰ってきたり、学校行っている時に、だんだん興味わいて持つようになって」

「ここ（中村地区）におるから、（銃の）許可くれませんわね、アパッチ（ママ）やから、まして、アパッチの酋長やから、もひとつくれません。申請して10年以上かかってんのちゃうかな。やっぱ差別があるんでね、いまでもやっぱり」（Rさん）。

Rさんが銃を扱う狩猟の世界に参入するには、一つひとつ差別や偏見と対峙しながら、必要な技術や知識を習得していく過程がある。身体的に習熟したのは、鉄砲の技術だけでなく、銃や猟をめぐるがんじがらめの規制や法律までもが含まれる。いつのまにかそれは、旧環境庁を動かしていくまでの知識になっていく。

「私は職業ハンターやから、罠にかかったやつ（動物）を銃で撃ったら違反やいう。そら、わかっています。統一見解出ましたやろ。平成10年に出ました。前の判例をいまだに適用しよる言うて、そんな馬鹿な話はないわね。大正15年でしょ。わし（猟雑誌の本に）自分で書いたから全部覚えてるんや、ここに書いたるから。全国出とるから。大正15年でしょ、15年が、昭和元年ですよ、大正の年代に罠を、大正のときは、たまに民間の人でも、名士なんか鉄砲の許可もらえたみたい。種子島の一発玉をね。その時に、罠をくったやつを鉄砲で撃ってつかまってるわけで、裁判で負けて罰金くろうてるわけや。

ほんで、いまだに、甲種、乙種言うて、乙種いうたら鉄砲やけど、甲種でかかったやつ（動物）を、鉄砲で撃ったら違反や言うて、うちのお客さんが、もう全国からあるわけやねん。いろんな。ほな、兵庫県もそんな言うてるわけや。だけど、行って徹底的に裁判せえ言うて、わしね。私書いたった、大正15年は、昭和元年やと、昭和は64年やと、ほんだら、大正のいつの時期や、その判例が出た平成これ10年や、大方約1世紀や、1世紀の前の判例をいまだに言うてんのかと、全部調べてあんのや。調べたらなるほど10年ほど前までは、辞書調べたら、狩猟とは野生動物を追いかけて捕えるとしたる。これが、どこの辞書やったかな、約7、8年前からは、狩りとは野生動物を追いかけて捕える、とか、猟とは野生動物を追いかけ捕える、もしくは、刺し殺す、撃ち殺すと書いてあんの。これ、どういうことや言うね。

これ、環境庁の関係、動物は環境庁の関係で、山の管理は農林省、ほな、みな勘違いして、農林省が全部してる思うてんちがう、環境庁が動物。ハンターでも知らないわけや、それが環境庁やいうこと。みな、農林事務所から許可もろうてる思うてるわ。環境庁が、動物の管理やねん。そやから、外来種を混ぜたらいかんとか言うて、和歌山なんかも台湾ザルで、どないもできんやね。それ言うたったら、もう、ポリ（警察）も小そうなっとる。よう捕まえんのやで、警察に。私が（ほかの人が）わかってわからんような法律論だと言うたったら、たいがいみんな、びびってまうやろう」（Rさん）。

ここでの語りは、身体に先立って個人が知識やスキルを獲得する認知的プロセスとは異なる。自らが商売をしていくうえで、ネットワークをつくりアンテナをめぐらせ、その実践のなかでつねに日本全国の動向やそれに関する法律を習得していく、身体的な知識の習熟過程である。

「だから、伊丹でも、けっこうみんな、法律の勉強、狩猟に際しての法律は、みんな言うもん。Rさんみたいに、知っとるやつおれへんやろ言うの、自分が逃れようとして、こういう違反した時は、こういう具合に言おうと、こういう法律があるのやから、こいつを引っ張り出したら、逃げられるとか、やっぱり自分で覚えとかんなぁ。なんでたら、商売がかかったんやから、こっちはな。だから、飼い犬条例いうのも、みな（ほかの人が）知れへんやん。だから、環境庁いうことも、みな知らなんだ。狩猟免許、行くのは農林事務所がくれるもんや、だから、なにもかも、農林事務所の管轄や思った。免許は、毎年、狩猟免許、ほんで、狩猟の3年の更新も、全部農林事務所だけや。鉄砲は鉄砲で3年の更新と、許可は警察や。保安課、いまの生活課やな。

そやけど、銃をするのに、許可なしであたまから3百発の許可くれるわけや、警察の許可なしや。これは、無条件で狩猟免許とったら無条件に入ってるわけやな、それは。それは警察いらんやろ。それを、農林事務所と警察だけで、一般の場合は、農林事務所だけで、銃をしてると思うてるわけ、許可も。獲物は環境庁、山の管理は全部農林事務所。だから、わしらそれを調べて、こうある程度お客さんが情報が早いからね、全国からお客さんが、このぐらいで、警察、言うてまんのやとか、と言うやろ、でそれに対して今度調べる。情報が早い。

ほんで、この箱罠って、これが法定猟具になったのは、いままでは法定猟具でなかったわけや、法定猟具になったの一昨年から法定猟具になったわけ。いままでは囲い罠しか、囲い罠は、無免許でいけたわけや。で、いま、和歌山は、特区なってるわね。いま小泉（当時の首相）が、特別規制緩和区域から な、こんど大阪府で８つかほどとっとるやん、今年ね、はじめて。その時分、和歌山入ってんけど、特区に入ってるわけやな。ここでは１年中免許いらん。今年から。申請してるわけや。いままでの規制を、全部省いてるからな。そのムラだけで、いけんのや。そういうやつも、全部、わしら調べるわけや。全部な。今年の始まったことでも、今年、すぐ情報入ったら、そいで調べるわ。お客さんが、情報教えてくれるから。わしら、もう徹底的に調べるさかいな」（Ｒさん）。

リサイクル業（古着・ウェス業）

コミュニティが社会秩序から疎外された構造にあるがゆえに、そこでの職業的実践は外部に向けたネットワーク志向になっていく。これは、Ｒさんだけにとどまらない。在日朝鮮人社会においてもっとも典型的に見られる地場産業であり、都市基盤にとって不可欠でありながら一般には忌避されるリサイクル業も、ここでは「閉鎖的」ではない。中村地区で古着・ウェス（機械類の汚れを拭き取るボロきれ）業を営んでいるＵさんをここで紹介していこう。

もともとＵさんの父親は寄せ屋を行っていた。寄せ屋とは、読んで字のごとく、空き缶も新聞も鉄も、ガラスやゴム、それから貴金属（アカ）など、ありとあらゆる品物を全部扱う店である。それらを集めて、古紙は紙屋さんに、古着はウェス屋さん、ぼろ屋さんに、アカは真鍮業者へ、色物屋さんに売り、ゴムは靴の業者へ、ビール瓶、一升瓶、牛乳瓶はメーカーの回収へ出す。リサイクルのルートやしくみがすでにそれぞれ確立されていた。その後寄せ屋は分業独立し、Uさんの父親も古着の方の専門になっていく。

古着・ウェス業は、大阪府泉南地域の方面に5、6軒ある程度で、衰退している産業である。そのなかでUさんのウェス業のルートは次のとおりである。品物を日本の専門商社（G工業）にまず売り渡し、今度はその商社が海外に、東南アジアやシンガポールなどの販売ルートへ出す。日本国内は、多少の差はあれみな裕福なので、ブランドをはじめとする流行の服しか売れない。その点海外では、破れてさえいなければ品物として通用する。海外では、流行に左右されない生活必需品への需要が、国内に比べ格段に高い。こうした国内外の販路に通じていることが、Uさんに海外の事情に長けた知識をもたせていくことになる。

販売ルートをもう少し細かく見ていこう。業者がそれぞれ品物を回収して、中村のUさんの作業所に持ってくる。それをUさんが買い取り、売れるものを選び出し、さらに日本用と海外用に分けて販売ルートに出す。機械を拭く際に用いるウェス用に切ったり、反毛というぼろ切れの材料（フェルト）になるように仕分ける。海外に出すものは現在は古着だけである。昔はウェスが出たが、いまは海外とくに中国からの安いウェスに押され、まったく出ていない。中村のほかの同業者とはルートが異なっており、仕入先はもちろん、売り先もほとんど違っていて、棲み分けが進んでいる。Uさんの同業者であるQ紙業は、紙もぼろ着もアルミ缶も一緒に回収して、紙は自分の所で梱包して製紙会社に直接売る。ぼろ着や古着だけをUさんが買い取る。

古着の相場は04年現在だいたい1キロ当たり8～10円ぐらいで、品質が悪ければ5円を下る。海外取引になるので、円相場の乱高下に左右される。トヨタのように、円高になればアメリカの生産ベースを上げ、円安になると日本の生産を上げたりすることは、こうした地場産業では到底できない。

しかしリサイクル業の低迷は、日本の「上からの」環境行政の影響が大きいとUさんは述べる。

「もう1個大きな問題は、市が（古紙や古着などを）回収しだしたから。そういう公共団体が回収しだしたから。それで駄目になってもうた。市場原理は動けへんからね。安い高いは関係なしにどんどん出てくる（回収する）さかいね。市に『ちょっと不純物を回してくれ』と頼みに行った時も、それ、はっきり言うてきましたけどね。『あんたら、やめたらよろしいのに、ほんとうに。市がする必要ないねん』って。『それまでのやつをどないしとった』って言うからね。それはおそらく、たとえば値段が上がったら、ちり紙交換の人は回収に意欲出して、どんどん回りますやんか。どんどん集めますやん、値段がええから。どんどん出てきたら、今度は、よう売れ過ぎて値段下がっていきますやんか。ほな、もう回収せんようになりますよね（笑）。そのうち、せんかったやつは、みんな燃やされとったんです、みんなおそらく。それしか行く所ないですもん絶対。新聞とぼろで暴騰みたいの、あまり見たことない。電化製品はよう見るけどね。だから、あんなんで結局、燃やしとったわけですわ。

それが燃やしたらあかんような法律になってもうて、結局、どんどん集めるからね。値段が上がろうが下がろうが関係なしに、どんどん供給されてくるから下がる一方ですわね。またどうせ市も回収するのも、また何年かたてばやめるでしょう。『金かかってええわ』言うて（笑）。（行政が回収してから）もう何年たつねん？　10年ぐらいたつんかな、この辺は。関東はもう20年ほど前ぐらい。関東も15年ぐらいか、以上（前）からは関東も行政が回収しだしてると思うけどね。何で市がやったのか、ようわからんねんけど、リサイクル法か何か通ってからでしょう、やっぱり。

だから、百パーセント回収してまうんか、百パーか二百パーか知らんけど、結局、そんなんでどんどん供給されてきたら、国内で余ってきてもうてね。古紙なんかは、結局、中国に出だしてから、ちょっとましになったんでしょう？　ほんで、スクラップも中国へ出だしてから、値段が上がってきたんでしょう？　鉄の材料も、あれ、中国で鉄製品が売れる言うてるけど、スクラップも売れるんですよ、向こうに」（Uさん）。

Uさんの会社に古着が入るまでの入手経路と価格の問題である。私たちが最先端だと考えているリサイクル事業（環境行政）という美名のもとで、回収率百パーセントという目標の達成のみに力点がおかれ、市場原理がまったく働かず、在庫はたまる一方で、その結果、逆にリサイクル事業を成り立たなくさせているという、矛盾を問いただしている。かつて古着の価格は高い時で50円ぐらいであった。平均でもだいたい30円程度であり、変動幅としては25円から30円のあいだで推移していた。バブル崩壊以降はずっと下降調子で、もう一段階下がるとタダになる、とUさんは危機感を募らせる。東京方面では、すでに3円、2円という安値も出はじめている。Uさんのところも愛知県の岡崎までリサイクルの品物を出しているが、運賃だけで5円もかかり、もしこれを相手先が負担してくれなければば差引ゼロになる。

そして、やはりごみの処理代が１キロ当たり10円程度かかるので、これが負担になってくる。年間３６０万円のコストがかかれば、営業利益がなくなってしまう。「１千万円儲けてる人やったら６５０万残るけど。それが10年続いたら３千６百万円ですからね。商売する人いうのは１年計算して、やっぱり10年考えますからね。やっぱりみんなだんだん、辞めや言う人も出てくる」という。

相場師としての読み

ウェス業界は、かなりの「相場師」でないとやっていけない。それだけ流動性の激しい産業であるために、つねに業界の動向をつかんでおかないと時流に乗り遅れる。

「僕、言うたんやけど、鉄がいま（中国需要で）ようなったから。一番先に鉄が駄目になってん日本国内で。お金出してみんな処分してもらっていって。その次紙があかんようなって、その次またウェスの古着があかんようなった。それで真っ先に鉄が回復。中国向けで売れた言うて、鉄がばーっと回復して、鉄が売れるようになってね。で、紙。『順番からいうたら、次、古着やろ』言うたら、みんな『それはないわい』とか言うて（笑）。『そんなん言うの、お前だけや』言われたけど、僕は行けそうな気がするけどね。そんなもんが動いて、これだけ絶対あかんいうことはまずないでしょう。産業は、つながってるもんやから、そんなもんね。

僕らみたいなウェスなんか、古着なんか、ああいうふうに政局化、アフガニスタンとかそういう所で（戦争が）起きると、国境警備が厳しくなるんですね、やっぱり、そうすると業者いうのは、自分は国境のこの辺に生まれた。どっちも自由に行ったり来たりし、小さい時からやってんねんな、みんな。パキスタンとか、あるいはインドとか、そういう所なんかで。ほんで、紛争起きた言うたら、国境厳しく制限されるから、今度は物のあれが行かんようなるさかいね。インド側に、パキスタンの人がインド側に物売ってる人やったらね。別にふだんは、別に国同士、仲悪かっても、物行ったり来たりしてるけど、それが戦争なった言うたら、国境が厳しくなったら、物動かんようになるさかい古着の需要が減ってきますわね。そんなんようありますよ。

だから、僕らあんまりあっちこっちで戦争してもらわんほうがいいんですわ。商売人が向こうで一生懸命あっち持ってったり、こっちで売ってくれたりしているんですけど、やっぱり国境がそういうふうに厳しくなって、国境閉めてもうたら、もう出られへんからね、結局は。だから、割と戦争になってもうたら『古着は、しばらく値段下がるな』言うて、『売れへんな』言うて（笑）。

売ってる国はほとんど発展途上国で、パキスタンとか、それからシンガポール。シンガポールから経由していろんな国へ行きますからね、東南アジアの国に。タイやら何やらかんやいって。ビルマとか……。シンガポール自体は裕福な国やから、そんなん別に要らんから。そっからフィリピンに行ったり、そこらの東南アジアにばーっと拡がっていきますからね。最近はインドのほうにも出るようになりましたけどね」（Uさん）。

ブランド志向の高い日本では、古着はほとんど資源としての再生価値がない。Uさんのところを通過する古着の出荷先は、そのほとんどが海外向けである。海外の政治・経済の動向を注視しているのは、知識が先立つのではなく、商売上の損得勘定として目利きが必要になるからであり、ほとんど感覚的に情報を取り入れている。そこには、為替政策、最新の中国需要の伸びやインド・パキスタンなど南アジアの政局までの読みが、広範囲にわたって含まれている。思想信条としての平和主義者ではなく、商売が滞りなくうまく運ぶように、というあまりにも明快すぎる考え方から戦争反対を唱えている。

Uさんは、私たちが最先端だと考えているリサイクル事業（環境行政）は美名だけで市場原理がまったく働かず、在庫があふれる結果、逆にリサイクル事業を成り立たなくさせているという矛盾を問いただしていると、先に書いた。ただ、ウェス業に市場原理が貫徹しているかというと、そうでもない。そのことは古着業の特質に関わってくる。なぜ市場原理だけでは古着業やウェス業が動かないのかということを、インド人とのやりとりからUさんが教えてくれている。その部分を見ていこう。

「けっこうインテリなインドのやつやったけど、何かインド人向けの新聞を日本で出すとか何か言うてちょっと何回かうちに来て、どういうんかね。（インド人が）日本で、物売ろう思うて、売れへん言うて、よう言うんですけど、売れへん思うわ。向こう（インドの人）は安かったら売れると思うのやんか。安かっても売れへん、日本は。何かこんなもん持ってきて、『こんな安いのにな、日本はインドのやつ買いよらへん』言うてな。ルートがないのや。ずっと買うてる所は買うのや、みんな長い取引やから。ほかが言うてきてもね。そこが『ない』言うたら買うけど、別にちょっとの差やったら『もうこっちで買うとくわ』いうのがあんのやけど、それが理解できん。そんなん言うても『そんなことあり得へん。安かったら買うたらええやないか』言うもんね。そうでもないねんけど。『一般のスーパー、安い所、行ってるやないか』。それはそれやて。商売の場合、ちょっとちゃうねん言うたらね。『そういう、やっぱり長年のつきあいとか、そんなんがあるねん』言うても、インドは合理的や、ほんまに。そんなようなこと、なんぼ言うても、あんまりね。何か差別してるとかね。『いや、そうでもないねんけどな』言うて（笑）。そんなんは、やっぱりちょっと理解できひんわね。

とくにウェスの場合は、昔はよう供給不足に陥ったんですよ。だから、買う側も『頼むから、もうずっと買うから、うちの分は計算しといてくれよ』いうような感じのやつを買ったんですよ。だから、よそからなんぼ『安いよ』言っても、みんな買わなかったんですよ。そこで買うて、安いから買うて、次、足らんとき、そこが供給不足に陥るでしょう。元の所へ言うてきたら、『お前、そこで買うてんのやから、そこで買うたらええやないかい』って言われるからね。結局、そういうようなことがずっとあったんですわね。

それで、もうひとつは、安くしてきてはじめは品物ええけど、だんだん悪なってまうのや。結局、その売ってる値段が一番安い値段で売ってるのや、ほんまは。だけど、得意先、取ろう思うて、みんなちょっと安くして売りますやんか。それは儲からへんから、ちょっとしばらくしたら、儲けよう思って、ちょっと品質悪なりますやんか。なかなかみんな、そういうルートいうんか、人間関係いうのもできてしもうたらね（ほかで安いからといって買いにくい）。それは、やっぱりはじめて来た人にね」（U

さん)。

通常、商品が安いことが直接購買に結びついて、需要と供給のバランスを成り立たせる。ところが、現実には安価な商品が売れず、少し高いところで値段が落ち着いている。その理由をUさんは業者同士の「信頼関係」においている。それは古着業界という特質にも関わってくることだが、商品の供給が不安定であるために、一時的な安値で買い叩いても長期的関係から見た場合、それはリスクが非常に高いのである。モーラル・エコノミー論に即していえば、必ずしも利潤が最大になることに至上の価値をおいているのではなく、業者間の信頼関係の上に市場原理を働かせることによって、リスク分散を行い、持続的な事業展開をはかっているのである。しかも、これは明確な机上の計算によって導き出されたものではない。

というのも、政局なども絡んで不安定な現実のなかで長期的に経営を持続することでしか、彼らの実践力は会得しえないからである。

「やっぱり商売する者は、そういう逃げ道を。そんなこと(ヘッジファンドによるアジア危機)ある時は台風みたいなもんやから、地下に潜るとか、どこかに避難するとかやね。あんなん止められへん、そういう力いうのは、われわれにとっては。やっぱりそんなん(世界の情勢を)見とけへんかったら世の中わからなくて具合悪い」(Uさん)。

Uさんがこのように述べる背景には、零細企業の身の丈を見きわめながら、グローバルな世界の荒波をうまく「操りながら」生きている様子が見てとれる。もちろん、ただ防戦一方の受け身でいるだけではない。零細企業でも自前の研究室を持たなければならないと、Uさんの会社ではほかの会社に先駆けて、経済や環境問題などの総合的研究に取り組んでいる。

従業員は「家族」

さらに、Uさんは従業員を「家族」と見なすことで、不安定な職業的リスクを回避するしくみをつくり上げていく。これはいったいどういうことか。従業員にとっては当たり前の話であるが、事業者は給料を支払わなければならない。仕事がないからといって「減給で勘弁してくれ」と言うことはできない。仮に減給した場合、しばらくのあいだは従業員も了解しているだろうが、次に頼んだ時に来てくれなくなる。彼が逆の立場に立ったとすれば、給料を支払ってくれるのかどうかわからない不安定な職場には働きに行けない。

しかし経営サイドに立つと、このことを忘れてしまう、と彼は言う。そこで発想の転換を図り、社員も家族の一員であると考えれば、給料を支払うだけの金がないからといって「今日は飯がない」とはけっして言えない。この考え方は、後継者にウェス事業を渡す際にも発揮される。25歳ぐらいの息子のほかに同世代の若者2人、合わせて3人が後継者として有望視されている。彼らに対する処遇として、いまのうちは好きにさせておいて、給与も少し多く支払っておくのだとUさんは言う。

「急に言うたって無理やから、自由にさしながらずっとね。いずれはささな。させていったらいいな思うからね。だから、ギャラもちょっと多いめにやってね（笑）。だから、育てるいうことは、要するに一番ええ話は、20万円やったら23万ぐらいやったらええのや。2万円やったらええねん。育てるのに金かかるんやから。まずは、辞められたらいかんさかい、とりあえずちょっと多めにやっといて。時々、儲かったとき、ぱっとやって、向こうから『えーっ』いうぐらいショックを与えとってね。ほんで、時々『これは一生懸命やっただけ、儲かるぞ』言うて、やっぱり将来、夢のあることも言うとかんとやね。『そら、あんたらの世代で、やり方、考えたら、もっと発展するかも分かれへんし』言うて。『業界がどんどんやめてったら、ここはどんどん発展したら、自分らの主導権握れたら、プラスになったら、そら儲かるで』とかね。ほんなら、みんなやっぱり『そうかいな』と思うやん、みんな。

ちょうどうちの息子をだまして、『この商売やったら、よう儲かる』言うてね。（息子が）『そんな儲かるの？』言うて。そう。何も1個も儲からへんやないか、そんなもん（笑）。まじめに普通に働いとったら、博打とか、そんなむちゃむちゃぜいたくせんかったら、とりあえずなんとか自分の子ども、学校行かしてね。それぐらいいけるんであってね。ほんで、おやじからの得意先もあるしやね。僕らも得意先、だいぶんそういうお客さんも増えてるから、そんなの考えたら、次の世代いうのはわりかし、そういう意味では幸せと思うけどね。でも、ほかのそういう想像もできへんようなことが起きてきた時は、それはまたよう分からんけど、とりあえずそれで、急にころっと変わることはないと思うからね。10年ぐらい、それで行けるんちゃうかい。そのあとは自分らで、その時の時代に応じて考えてもらわんと、俺らは分からへんわ、そんなん。

だから、(中村から対空受信所跡地に)移転する時も、俺も、ちょっとそういう用意もしとかないかんな思うて。だから、移転し終わったぐらい、60歳ぐらいあとで、ちょうどええんちゃうか言うて。ぼちぼち俺も逃げるような、逃亡するような用意しといて。あれらを生んだのも、ちょうど30ぐらいになってるさかいに、ちょうどいいんちゃうかな思うのやけどね。そんなふうにしとったら、うまいことといくんちゃう。そんで、俺は(在日なので)年金もないから、それで50万円ぐらいもらって。年金代わりに……」(Uさん)。

外部との結びつきとネットワーク化

ここまで、やや詳しい聞き取りのモノグラフを見てきた。「不法占拠」状態においては、固定資産税抜きで大規模なリサイクル事業などを展開できる。その反面、不動産価値のない国有地を担保に入れられないことから、資金繰りの面で事業展開しにくい。だが、古着リサイクル業を中心にしてここで見てきた世界は、「不法占拠」という閉鎖的状況に留まるものではまったくない。むしろ、世間一般から嫌悪施設として扱われがちな、いわば「異端」と「周縁」に位置取ることで、世界全体の情勢に機敏に反応し、外部との結びつきを強める結果になっていることに気づかされる。つまり、古着リサイクル業という実践的コミュニティ(ネットワーク)に参加してはじめて獲得される知識が、ここには凝縮されているのである。

また、従業員、世代、業界、世界経済、政治動向までの諸要素が分かちがたくすべてつながっていることにも驚かされる。その視点から考えれば、現在の行政主導の資源リサイクルは、「木を見て森を見ない」状態に陥り、それ自体で機能するようにみえて、その実、逆ザヤ現象や業界の内部破壊現象をひきおこしている様子が垣間見える。

このような広範囲のつながりすべてが、中村という「不法占拠」地域における事業展開を起点として行われている。しばしば「閉じられていながら開かれている」という表現があるが、こうしたアンビバレントな表現はここでは適切でない。むしろ、閉じられた周縁性に位置取ることで、中村地域は「業界」という実践的コミュニティのネットワークに乗って、より外部の世界に開かれているのである。周縁に排除された人びとが社会的つながりを創造し、その社会関係資本(2)をもとに財を投下し、グローバルな資本主義の世界システムを招き入れて、事業を展開させているといっても過言ではない。

また、ここでは詳しく触れなかったが、飯場を経営する者であれば、建設作業員や季節労働者を雇い入れるために大阪の西成と結びつきをもち、昭和40年代まで地区内に失業者集合所を構えていた。いわば中村地区は、国内外に多様なネットワークをもちながら、それぞれが商売上競合せず棲み分けを行って、職住一体型の「複合的な実践的なコミュニティ」を成立させているのである。

5　生活から立ち上がる公共空間

所有意識

人びとと土地の関わりを見ていくと、「不法占拠」において登記簿上の所有権とは異なる原理が働いている。先述したように、中村地区の火災に対して、空港管理者である旧運輸省航空局は、空港機能への影響と「公共の福祉」の侵害防止の目的から、住民排除の手続きを行使している。具体的には、火災で家屋が焼失したあとの敷地を杭や有刺鉄線で囲い、再建築禁止を内容証明郵便等によって被災住民に通達している。また、有刺鉄線を設置する際には警察官も動員している。

一方で住民は、有刺鉄線や杭を自ら取り除き、準備した建築資材で深夜に家屋を再建し、再度生活を始めている。いったん排除されて国が「管理」した更地に、改めて住民が生活基盤を築き、まるで領土のように空間を支配（領域支配）する。この事実は、登記簿や地籍という、法や制度の裏づけによって客観的に析出できるものではない。重要なことは、人びとがその土地に働きかけ、その土地に生活基盤を築く際の、外部から視覚的に確認できない人びとの生活実践と意識のあり方にある。すなわち、自分たちの日常感覚に根ざした「自己準拠的な正義」(3)を介在させた正義の仕掛けである。前節でも、「村の大将」という人びとの言質から、「空港の大将」ではなく、村の心（神）が深く大地に刻み込まれ突き刺さっていく領域の発生に触れた。ここではそうした人びとの土地の所有意識を改めてまとめていくことにしよう。

次に聞き取りを示すYさんやJさんは、中村地区に精通する方々である。

「仮に自分が耕してな、野菜を植えたら野菜は自分の物や。ただそれだけの感覚。自分で耕しているから、自分には自然的に権利があるわな。白菜を採った後で土地が空いているから、他人が来て種を蒔くとそりゃ文句言うわな、誰でも文句言う。だから（不法占拠も）その感覚よ」（Yさん）。

「一般個人が民地を売る売買であったら膨大な金がかかるものです。ここは国の土地ですから、正規に売れないけど、ただちょっと（地域の）人間関係として、安く権利を売買しているんです」（Jさん）。

人びとのこのような意識は、労働投下と土地の結びつきに焦点を合わせれば、経済史の本源的所有に近い（中村 1947：岩本 1989）。要約すると、本源的所有はある土地に働きかけた者がその資源を享受する考え方で、暗黙のルールとして人びとの必要に応じて顕在化するものである[4]。さらに、このような個々の働きかけによって、一定の地理的空間を利用する権利が成立することを、生活環境主義では、「共同占有権」[5]と呼んで、本源的所有という個別の働きかけから「地域社会」という一定の領域に働きかける環境保全へと論理の展開を図っている（鳥越 1997）。この論に従って中村地区を見た場合、国の財産管理が怠慢であったことが、土地の利用上重要な意味をもってくる。

土地への働きかけによってすでに人びとの暮らしが成立し、たとえ土地の境界線をめぐって争いになっても、「もともとは国有地だということで、お互いの都合がよいように話し合う」と住民は述べる。このように、「社会的規範」が土地に関わる人びとの競合を抑え、秩序を形づくる生活領域が発生し、集落内で相互に認知されている状態にある。

共同占有権

そのような住民の意識のなかで、国による排除の論理は、Jさんが指摘するように土地利用の権利を売買している人びとの関係を宙に浮かせることになる。つまり、実はあとから登記した所有権を楯に、火災で居住権がなくなった土地から住民を排除する国の行為は、中村地区における共同占有の事実を否定するものと人びとの目に映る。それは、本源的所有にもとづく土地の利用秩序を妨害することにほかならない。

中村という生活領域における土地の利用秩序は、成文法で定められたものではなく、人びとの日常生活のなかで慣習的に機能しているものである(6)。働きかけの妥当な根拠として、「生活を立てていくため」という共通した答えが返ってくる。すなわち、自分たちの生活防衛のために国有地に働きかけたのであり、その結果、その土地を利用する権利を有すると人びとは考える。そのため火災後に打たれた杭を引き抜く行為も、土地の利用秩序から見た場合、共同占有権の回復という生活上必要な行為としてとらえられる。以上のように、共同占有は生活弱者の権利保護と密接に関わる。

人びとの継続した働きかけを下から支えるものは、単なる労働投下よりも、むしろそのような働きかけをとらざるをえない「生活の必要」があることに着目する必要がある。そこにはつねに「正義」の主張が含まれている。つまり、正義を自足させる自己準拠的な主張は何でもよいのではなく、つねに人びとの現実的な生の選択肢がきわめて限られている時に形成されうる規範である。すなわち「生きられた法」である。

したがって、正義が認知される際には、人びとがさまざまな選択肢から「自由」に選べるのではなく、数少ない「制約された選択肢」であることが、大きな意味をもつといえる。言い換えれば正義とは、人びとが孤独や冷遇を背景として生き抜いていかざるをえない、「差別」と対峙する性格をもつ。そこで次項では、当事者に共通する被差別意識を通して、共同占有が人びとが生活を立てるための正当な根拠として浮かび上がってくることを見ておきたい。

差別と在日の表象

同じ在日韓国・朝鮮人のあり方とは異なって、中村地区における在日韓国・朝鮮人の「特殊性」が共同占有に与える意味について、ここで考えてみたい。次の2人の会話のやりとりは、中村地区で日常生活を送っていくなかでそれとなく経験される「特殊性」と差別の関係性をクリアに示している。登場する2人の女性は、先述した中村地区で韓国料理店を営むHさんと、その古くからの友人で同じく中村に居住しているが、日本人も働いている「中村の外」の職場に勤務しているPさんである。2人の会話のなかから、中村の「内・外」議論に着目しながら、中村地区の特殊性を浮き彫りにしたい。

H：やっぱり（韓国人ということで日本の社会の中で）気を使ったのは確かやで。

P：うちの娘でも高校行った時でも、さっき言うたように住民票持って行くでしょ、そしたらああ、なんやあんた色が違うんやな、言われたって。色が違う、言われたような気がしたわ。その友達に言うたんよ。いま西宮でラーメン屋してる子、いまでも仲ええけど、あの子に言うたんやて。高校入る時は黙っていたけど、その子に言うたんやて。私（日本人と）違うねんて。そしたら、「あ、ええやん、それでも」って、それだけですんなりと。で、認めてくれるいうかそれから触れなくなって、

「ええやんXちゃん、そんなん私ら全然問題じゃないよ」って、そういう問題じゃないって。そういう友達は友達って感じで娘も受け入れていて。子どもも言うてるわ。もしも朝鮮人いうことで差別されたら、もう友達じゃないやんって。それは娘も言うてる。あんた日本人やから友達になりましょって受け入れるんかって。人格見て受け入れるんでしょ友達いうのは。立派な人やから受け入れるんじゃなくて、いいところも悪いところもみんなわかって、受け入れるのが友達やって。たぶんあの人もそう違うかなあって言うてる。ここにいたら自分をもう、さらけ出した方が楽なんよ。芸能人でもいっぱいいてるでしょう。あの人もこの人もみんな隠してるやん。発表してるのはごく一部分の人間やん。

H：だから私は（在日を）さらけ出した方がな、あと楽かなあと思って、そうやってるのがええか悪いか、それはもうわかりませんけど、でもわかる人はわかる。じゃあ「Xさん」（本名）いうたら「X」ってそういう日本の姓があるんかな、と思う人もおるしな。

P：これがね、こういう中村で、こういう集団で生活してるから言えるんかもわからんで。たとえばね、もし私らが西宮でも宝塚でもどこでも、1軒ぽつっとおったら（本名を）隠すかもしれん。

H：そうそう。

P：家庭の中でキムチ食べたとしても外では食べてません、みたいな顔して。

H：そうそう、だからね、うちのね、長女の嫁ぎ先が、ここがね、もう韓国人なんですよ。ところがね、ここが××の駅前でね、居酒屋を始めたわけ。その次男さんが。娘は長男のところにお嫁に行ったんやけど、ここはまあまあ、まあそれなりに。それでうちの娘はずーっと小学校からZさん（本名）やから、自分が韓国やって、何も、引け目も何も感じてないわけ。で、韓国の人と結婚したんだけど、ここのお母さんが、まあ言うたら日本の人のなかで……

P：集団生活者やねんな。

H：（日本人のなかで）生活をしてるから、韓国人ていうことを明かしたくないわけや。で、次男が居酒屋を始めたんですよ。去年……一昨年かな、始めたから、私が行きます、って言うたら、すいません悪いけど、私らは韓国人ていうことを言うてないから、ここに来て韓国語をしゃべらんといてくださいって。まあ、そりゃ、日本やからしゃべることないやんか。でも、いちおう隠してるから、そういうことでお願いしますって。これや。ほんま、それ聞いたとき、まあこの人、なんて気の毒な人かなと思った。

P：そういうとこに生活してたらどうしようもないよ。その人だけやないよ、やっぱりその人の環境が……。

H：思ったけども、ああ、じゃあ中村やからこんな堂々と言えるんであって。じゃあそういう日本の中で、自分だけが堂々と名乗って自分を対等に人間として見てくれるかって言うたら、それはやっぱり、それはその人が生きていくうえでマイナスになるんやったら、そこまで私らは何もないですよ。わかりました、じゃあ私は一切そういうことは言いません、って言うたけど、反面私は思った。ああ、気の毒やなって。こんな国際社会の中で、ここまで自分を隠して、なんで生きていかなあかんのかな、て思うけど。

P：もちろん気の毒や、もちろんそれもあるんやけど、それは周りの環境もある。まず環境、商売人さん。その人の性格もある。やっぱり会社行っても商売人でもそうや。私でも会社行ってる時でも、あそこでもそうや、あの時は慰安婦問題な。韓国の慰安婦問題、日本の政府と。慰安婦問題があった時も、戦争行った人おんねん。私らはもちろんわからないけど、そういう問題があったんや。そしたら韓国はそういうことで、そういう問題まだ解決してないんやろうけど、日本に裁判を持ちかけてるでしょ。いっぱい問題があんねん。昔は日本も朝鮮も結局、っていうところがあったんや。あの時も、私は別に韓国人て言ってるんやけど、そのとき、私の横は私の後に入ってきた、私の助手いうか、私が仕事を教えるような人がおったんよ。あの人が言うんや。何見ても朝鮮人や。ヒイラギ見るやん。朝鮮ヒイラギ言うで。ほんま。こうやってずーっと言われてやっぱり朝鮮はどうや、て言われはじめた頃やねんな。私もう、食堂でそのニュース聞くのがいやでいやで、いやでいやでいややったんよ。また言うてる、また言うてる、ずーっと。別に自分は朝鮮人やし、隠そうともしてないし、子どもにはそういう風に教えてるんやで。教え方してるんやで。だけど自分でそういうのはないんや。この人（Hさん）はそういう会社の経験がないから。それはな、ここのお母さんかて、会社勤めはしてないけど、やっぱり隠したいとこは持ってはるのよ。自分が、この人の言う通り、自分がそれを乗り越えな、打ち破らなあかんねんけど、もうお商売してはるから、それも怖いん違うか。お客さんに。怖いんちゃう？

H：いや、私はお客さんになんにも怖いことないよ。

P：いや、あんたとこは韓国料理で売りものが違うわな。商売の筋が違うわな。なあ？　この料理出してお金もらってるんや。そこは日本料理出して、お金もらってるんや。そこが違う。

中村地区は、日本のなかにあって韓国（朝鮮）人が韓国（朝鮮）料理を出せる状況が生まれている。たとえ今日、韓国文化・韓国料理の一大ブームにあるとはいえ、現状はいまだ難しい面を抱えている。日本人による差別というよりは、ここでは在日韓国・朝鮮人自身がもつ「こころの貧しさ」を主題として話が進んでいく。

かといってそれに話が収束していくのではなく、通称（日本名）で日本料理店を営む朝鮮人は、人格的なものとは別に、その人自身がおかれている境遇や環境によって左右されることが大きいのではないかということをHさんに問い詰める。それは、Hさんのように在日がほとんどを占める中村地区で働く場合と、ふだん職場で日本人に取り囲まれているPさんの場合とはかなり異なる、という判断である。逆にいえば、中村地区で暮らしてそこで商売をしていれば、おのずと朝鮮（韓国）人としてふるまうことが「当たり前」となる。その共同意識が少なからず形成されていることが、ここでは示唆されている。

「生きられた法」としての生活保障システム

まず、民族的な差別構造は、同じような差別を受けてきたというひとつの「共同」意識を住民のあいだに醸成する。この意識は、差別の増幅よりもむしろ個々に受ける差別を緩和する力をもつ。たとえば、中村地区のほかの女性は次のように語る。

「朝鮮人は固まって暮らしているでしょ。日本の（被差別）部落と一緒だと思うんです。部落の人たちもそこから出ようと思うと出られたけども、出たあと自分に降りかかる災難や差別を自分ひとりで一身に受けるよりも、不便でも部落のムラの人たちと、それでも気兼ねなく暮らす方がいいと思って、部落に集中しました。それと（この中村地区も）同じだと思います」（呼称は発言のママ）。

つまり、誰もが同じ境遇で差別を背負っているという安心感を得られる集団として、「差別による連帯」が可能になっている。差別というものが、被差別意識の言説とは別に、共同の暮らしを支える〝力（＝パワー）〟を産み出し、不法を打ち消していく。たとえば、国有地を占有するひとつの根拠として、中村地区の自治会長は移転補償の交渉以前には、次のように考えていた。「いまでも、日本の司法権が入ってこない。これだけ何百世帯を動かそうと思えばどれだけの金がかかると思う？　不法占拠を動かすには国の税金を使わなければいけない」。集団化は、排他的な領域支配として他者を圧倒するリアリティとパワーを保持する。

それでは、（本源的）所有という視点から準拠集団をとらえた場合、この「集団」とはどのような人びとを指すのか。八木晃介は、他者による属性付与から自由になるうえで、自己と他者の双方の位置を相対化することが有効性をもちうることを次のように述べている（八木 2000：149）。すなわち、「複数のアイデンティティを全面的に自覚し、そのことに立脚して、外部他者」に対する戦略的な「差異化を無限に押し進めることによって、境界の境界性それ自体を曖昧化し無化する」のである。

このような差別論における境界の「伸縮性」を中村地区に照準した場合、国有地を占有する集団は、彼女ら彼らの意識としては在日に限定されない。むしろ「韓国人だろうが、朝鮮人だろうが、日本人だろうが、食えない人間がやっぱりここに来る」とか、「ほかの所へ出て生活する財力もないので、ここに住まざるをえない」と住民は語る。誰もが納得しやすい「生活弱者」という集団に準拠することによって、国有地を占有しその利用権を享受することが、「自己準拠的な正義」として人びとのあいだで意識化(7)されている。

つまり、「吹き溜まりみたいなのよ、ここは。ほかで暮らすことができない人がみんな（中村に）こぼれ落ちてきた」という、ほかの地域との格差が表出される。そのことにより、「生活弱者」という準拠集団が国有地へ働きかける意味を、はじめて私たちに納得させることを可能にしている。言い方を換えれば、人びとは「被差別」の表出を通じて、落伍者を保護し、生活基盤を与える「生活保障システム」を自ら「生きられた法」として創り出しているのである。いわば、差別されていることが、ひとつの力（＝権力化の装置）として空間を支配（領域支配）しているのである。

一方で「不法占拠」地域は、公的機関から見た場合、公的に存在しない「潜在的なコミュニティ」であるため、当の公的機関が関与しなくてよい、社会的・公式的には「空白の」存在であった。したがって、当初から社会的討議の場に参加できない人びとに、市民や国民という資格が自明の前提にされている公共性論(8)を適用することはできない。このような人びとによる公共空間へ参入していくのかについては、具体的な生活保障をどのように行うのかという論理を展開する必要がある。

つまり、人びとは耕造的差別のなかで、歴史の意図せざる結果から不作為に国有地に居住せざるをえなかった。つまり、そこには共同占有権が生じる。だが、それはたんに行政上の空白地帯を占有する権利にすぎず、ライフラインなど生活環境の整備は行われない。それでは、具体的な場面を設定して、生活に根ざした（自己準拠的な）正義の仕掛けは、「不法占拠」地域を外部から規定している行政機関に対してどのような力をもつのか、つまり法の外側におかれた人びとが生活保障を受ける権利がどのように発生するかを見ていこう。そして国が示す公共空間との関係性を明らかにしていきたい。

ウンコという問題

人びとが居住するための生活環境の整備は、行政が「顕在化したコミュニティ」として認知するかどうかに深く関わる。以下では、中村地区の環境整備に焦点を当てて地域と行政のコミュニケーションを記述する。

中村地区が「地域」として行政に認知されたのは、汚物処理が契機である。71（昭和46）年以前には、地区内に居住していたバキュームカーの所有者が自主的に住民から費用を徴収して屎尿を汲み取り、市の清掃局に持ち込んで処分していた。ところが、市の汚物処理能力が限界となり、市当局は、正式な認可のない闇業者からの屎尿の受け取りを拒否する。その結果、地区では汚物やゴミを排出できない事態に陥り、問題として人びとの意識に上ることになる。

市との当初の交渉では「税金を払わない中村地区に行政サービスは行えない」という返答であった。それに対して個人的に納税している住民が「わしら（税金を）払っている者はどうなるのか」と切り返すと、今度は「みんなに払ってもらわなければ具合が悪い」というものであった。このやりととりの背景には、市側から見た場合、あくまで中村地区は公的に存在しないコミュニティで、国が財産管理の権限をもつ領域であるために、市側は「不法占拠」地域への関与を拒否したのである。

それでも「不法占拠」地域に「住みつづけざるをえない」ことを根拠に住民が陳情を行うと、市側から提案がなされる。それはこの地区に責任主体としての自治会を組織し、汚物処理に当たるという方法である。つまり、自治会を組織化してはじめて市は中村地区の住民と関係をとり結ぶことができる。そのとき、市行政との交渉役に当たるのが中村地区の住民、故Fさんである。毎日Fさんが市役所に出向き、72（昭和47）年に自治会が承認される。

一方、交渉中も汚物処理の業務は滞り、地区内に排泄物が堆積する。すると事情を知らない住民が、「お尻に（排泄物が）つかえそうになるのをどうする」と、連日F家に怒鳴り込んできたという。Fさんの奥さんは、「自分のウンコも処理できないのに、人のウンコのことで朝から晩まで毎日人が押しかけて来るために、私たちは御飯も食べられない。うちらその日食べていくのが大切だから一所懸命働いて、ここから脱出する方が早い」とFさんに詰め寄る。だが、彼は「誰かがしなければいつまでも問題は解決できない」と、3ヵ月のあいだ住民を説得しながら嘆願の署名を集め、自治会として提出した。その結果、市行政による屎尿の汲み取り作業が開始されることになる。

道路の舗装化・公園の造成

汚物処理問題と並行して、道路の舗装化が地域の課題となる。というのも、中村地区の道路は、車が通ると砂塵が舞い、雨になると泥を練ったような状態で、子どもたちが通学するのに不憫だということで、市に舗装化を要求する。だが、市では門前払いであったという。それは、一言でいえば、「住民が勝手に不法占拠しているところを、市が面倒をみる必要はない」という回答である。また、住民のあいだからも「ムラにアスファルトが敷かれたら、ムラの端から端まで逆立ちして歩いたる」と言われるぐらい、この要求は時間と労力の無駄であると思われていた。それに対してバカにされたと怒ったFさんは、不法だからできないのではなく、「不法であってもできる」という使命感をもって、道路の舗装を実現するために3年のあいだのべ5百日間市役所に座り込み、議員と付き合い往来するなかでコミュニケーションを深めていった。

また、防犯上必要な街灯を自己負担で10灯ほど設置し、それを自治会として申請し、市側が維持・管理するようになる。これも当初は、市が「不法占拠」を理由に街灯を敷設できないと言うのに対して、自ら「既成事実」を示すことで、市はむやみにそれを放置できなくなる。市道路課は、「街路灯はたしかにあり、道路課で管理しています。おかしな話ですね。所有者（底地の地権者）の許可を得ないで行っているわけですから。けれども、住んでいる人はそれを必要とし、〝生活権〟の保障もあるなかで妥協点を見つけざるをえない」と言う。つまり、住民による自己準拠的な正義を軸とした駆け引きのなかで、住民と行政のあいだで公私の境界が揺れ動いていくのである。と同時に、公共空間における住民の政治的主体性が行政によってしだいに認知されていくことが、ここでは重要である。

さらに中村地区に「公園」が造られ、盆踊りや焼き肉パーティーなど地区の行事の際、住民相互の交流の場として機能している。ある住民が地区を出る際に土地の権利を自治会に譲渡したことにより、その土地の利用方法が自治会に任された。自治会の会合で、「地区には広場がなく、子どもも多いので公園を造ろう」という結論になり、遊具設営と見切り工事を市側が請負うかたちで公園が造成された(9)。

このように、生活の必要性から汚物処理が認められ、舗装化も認められていく。次は子どものための道路標識、反射鏡、その次は上水道や電話の設置、車庫証明の発行と、個別の要求自体が、次の要求の呼び水となる。すなわち、「不法占拠」かどうかという土地所有の水準とは別に、生活実践に根ざした自己準拠的な正義を正統性の根拠として、組織化された自治会と市とのコミュニケーションがはかられる。それにより、市は次に述べる行政境界の顕現化を前提に、「視覚化されたコミュニティ」である中村地区への関与主体となり、住民の政治的主体性と呼応するかたちで生活という水準に基盤をおいた公共空間が構築されることになる。

公共空間の二重性

伊丹空港においては、一見、国が空港用地を独占して管理しているようにみえる。しかし、空港用地内には「行政境界」(10)と呼ばれる地方自治体間で定められた境界線があり、いわば〝二重〟の空間として中村地区をとらえることが可能になる。すなわちひとつは、国有地という土地所有の水準に基盤においた「公共空間」(図17左)である。もうひとつは、生活という水準に基盤をおいた伊丹市の「公共空間」(図17右)である。

ただし空港用地内の行政境界は、伊丹市をはじめとする地方自治体に「国有提供施設所在市町村助成交付金」を割り当てる面積を算出するためのもので、市職員もその存在を把握できていないほど、

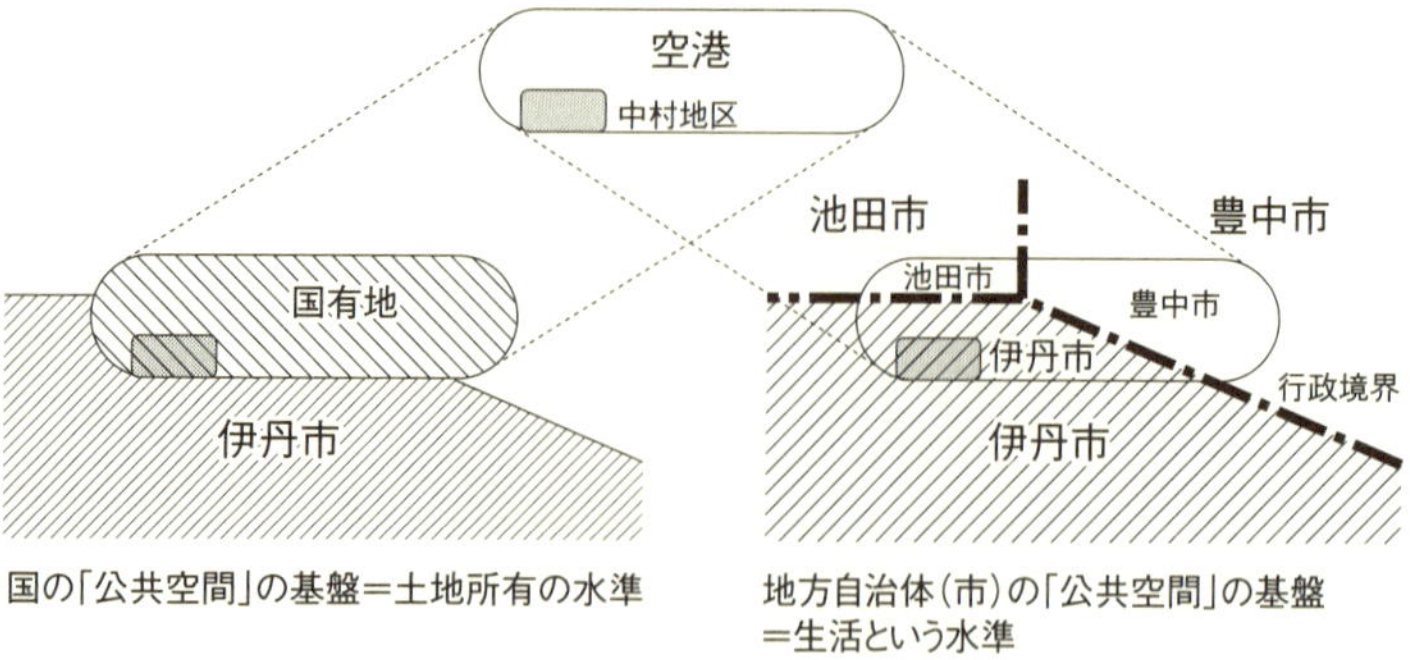

図17　公共空間の二重モデル

通常は実態を伴わない空間である。この空白の空間をめぐって中村地区の住民が自治体とコミュニケーションをとり、自己準拠的な正義を用いるなかで、行政境界（の顕現）を前提にして、実態を伴う公共空間が立ち上がる。

この地方自治体が関わる「生活から立ち上がる公共空間」は、これまで理論が対象として取り扱ってこなかった実態を明らかにしてくれる。従来の理論が対象としていたのは、国家とそれに対峙する個でしかなかった。たしかに従来の観点から見れば、国家の法の外側におかれた個のあり方は、法の支配が及ばない「剝き出しの生」としてとらえることが可能である。ただ関係性の観点からいえば、国家と個だけではなく、そのあいだに自治組織や地方自治体が介在していることが見過ごされがちである。「剝き出しの生」を人間らしい生活に変えていくための組織体が、国家の法とは異なるかたちで存在する。すなわち、自治会や地方自治体といった社会組織体は、法外に放り出された「剝き出しの生」を法内に受け容れるための手立てや理屈を、国家の法とは異なるかたちで潜在的に保持している。そのことが社会的事実としてもつ意味を確認しておきたい。

生活から立ち上がる公共空間

中村地区から国へ上水道敷設や電話架設を要求するのは「論外」である。なぜなら、土地利用本来のあり方からすれば行政財産上の使用目的から外れるため、地下埋設物の許可は、人びとが国有地をただ占有・利用する水準とは異なり、国の公共性の根幹を揺るがすからである。たとえば、「空港（航空局）は、水道をつけたら居心地がよくいつまでも住み着くからダメだという。困らせたら（住民が）早く出て行くので、水道もダメ、電話もダメだと横やりが入る」と住民は語る。これは、水道や電話という「ハードシステム」が居住権に結びつき、結果的に排除を行使できなくなることを国が認識しているからである（牧野 1992）。そこで、住民が国を説得する論理を、水道・電話の要望の場面から押さえておきたい。

まず、中村地区から水道設備や個人電話の要望が市に出され、それを受けた伊丹市が住民の生命財産を守る目的として、旧運輸省航空局に対して74〜75（昭和49〜50）年にそれぞれ陳情している。移転補償以前、市職員は次のように語る。

「人道上というのが大前提です。法的に外れたところに（住民が）住んでいる。（それを）放置してよいかというと、（市）行政として放置できない。国や市というと、やはり一番〝最前線〟に出てくるのは市ですから。人道的になんとかならないかという点から、水道が入り、電話が入るかたちで〝応援〟しているのが現状です。普通の人からみると、おかしいと思う。所有者の運輸省（現国土交通省）とそこに住んでいる人の立場や言い分が全然違うけれども、しかし（そこに住む人の）世代も変わってきて、いろんな人が住んできて〝生活権の保障〟もあるわけです。そうしようと思えば、玉虫色だけれども、（市側として）それをせざるをえない。自治会の要望を踏まえ、市の方でも国に陳情を出しているかたちになります」（伊丹市旧みどり環境部）。

以上のように、国と地方自治体のあいだでは、公共空間における行政関与のしかたにズレが生じている。つまり、公的機関である市は、第三者的に傍観するのではなく、国と住民双方の言い分のうち、住民の領域支配を認める立場に立って公共性をとらえる。公共性を顕現化させる力関係から見た場合、二重の公共空間のうち、生活に基盤をおき実態を伴う公共空間の顕現化は、結果として、土地所有に基盤をおく公共空間に対して「拘束力」をもつ。

つまり、土地所有の水準においてたとえ不法の状態であっても、住民を束ねる自治会が組織化されたことで、生活の水準において市側とのコミュニケーションが開かれる。それを自治会長は、「対役所関係の交渉にしても、個人で行ってもなかなか煮詰まらないが、ひとつの団体として自治会のかたちで（国や市に）行くと、もうひとつ上のレベルで話ができるから」と述べる。

それは、見方を変えれば、国有地の管理者である国とは切り離されたかたちで、住民と地方自治体との〝関係性〟を立ち上がらせることになる。つまり人びとの自己準拠的な正義によって、差別や貧困を共通に背負った社会的弱者の住む地域コミュニティを地方自治体に認知させることにより、コミュニティは国の規定とは異なる水準での公共性を帯びる。また、そのことによって、住民は生活を基盤として地方自治体とコミュニケーションできるような、組織化された地域コミュニティの力を保持することができる。ここでの力とは、公共空間とのせめぎ合いのなかで、住民の領域支配を国に認知させ、個人には還元できない住民総意の（政治的）主体が獲得した「発言権」である(11)。

その結果、国によって74（昭和49）年6月1日に上水道敷設が、また75（昭和50）年10月15日に当時の電々公社に対して電話架設が許可される。

構造的差別のとらえ返し

次に、住民の陳情や交渉には、国側を説得するためのどのような論拠が含まれていたのか。国（旧運輸省航空局）と交渉する際の住民の主張を以下にまとめよう。

「自分たちみたいにほかに行けない人は、しかたなくバラックの家を建てる①。国が家を建てるなといって土地に有刺鉄線を張り杭を打ってパトロールしても、一夜にして掘立小屋を建てる現実がある。モルタルを張るまがなく、壁もベニヤで済ませるので、耐火・防火構造の家ができない。だから結局火事が頻繁に起こり、類焼する。するとまた有刺鉄線を張る、これの繰り返しである②。いまの状態で中村地区を放置すると、空港のすぐそばにあのような〈汚い〉集落があることが外国から来た人に丸見えになる。将来国の〈恥〉になるから、もう堂々と家を建てるようにさせてくれ③。しかもすぐ近くに燃料タンクがあり、引火すれば、それこそ飛行場の機能を果たせなくなる。また当該地域の飲料水は井戸水を使用しているため、衛生状態がよくない。もし（現地の）水質が悪化してコレラや疫病が発生すれば、風に運ばれ、空港にもそれが蔓延する④」。

このような住民の主張には、本来「公共性」を楯にとって国側が用いる論拠が含まれている。事実、火災による空港運用上の危機感から、国は住民排除の実力行使を行った。ところが、国の公共性における正統性の論拠は、現実に人びとがそこに住み、生活実践にもとづく「自己準拠的な正義」が形成されることによって揺さぶられる。つまり、人びとはその土地に「居住せざるをえない」差別を抱え、土地に働きかけている実態が先行する（①）。この現実を無視して、国が公共性に固執する場合、意図せざる結果として、空港機能を損なう悪条件を国が積極的につくり出している印象を与える（②）。

このような自己準拠的な正義を楯にして住民が地域の正統性を主張した結果、国は、空港用地に関する権利（立入禁止の看板・杭・有刺鉄線の設置）を主張しない旨を（口頭で）了承している。

ここで重要な点は、国家の規定する公共性の背後に、もうひとつの公共性の展望が開かれた点である。すなわち、前者が人びとの私的な生活の場を「排除する」ことにより顕現化される公共性であるならば、後者は人びととの生活領域として空港用地を「組み込む」ことにより達成される公共性である(12)。後者がより説得的で実効性に富むのは、「制約された選択肢」（構造化された差別）のなかで人びとが「不法占拠」地域に住みつづけざるをえないことを「正義」の論拠として、「不法占拠」を再度位置づけ、住民の生活領域を「視覚化されたコミュニティ」として国に認知させていることにある。

このように考えると、住民排除と空港機能の確保の問題、上水道敷設や電話架設という生活保障の諸問題は、実は空港をめぐる社会的関係性という地下水脈でひとつにつながっていることが推察される。逆の見方をすれば、人びとの正義が基盤にあってはじめて公共空間としての空港が存在すると考えられる。生活から立ち上がる公共性と国家の規定する公共性は互いに自律しているだけでなく、社会的弱者の保護とそれによる空港機能の確保（火災の予防や伝染病予防等）という互酬システムとして成り立ちうることを示している。

このような空港をめぐる社会的関係性の創造は、住民の自己表出のしかたにある。人びとは、バラックの相貌を「汚い」と規定し、その状態で放置しつづけた場合、「国の恥」になるという③。また現地を「不衛生」と規定し、それが将来国際的問題になるという④。このように国に一方的に無視され差別されている状態を「無秩序」や「国の恥」として「生活環境」に焦点化させることによって、地域コミュニティと空港の関係性を再構築し新たな秩序を創造したことになる。つまり、彼ら彼女らの独自性は、一見不利に追い込まれる言説に見せながら、そのような自分たちの言質を棚上げするかたちで、生活防衛を果たす、言説の創意工夫にある。いわば行政からの差別を見越すかたちで、先回りして自らの社会的関係性を位置づけたうえで、空港用地と機能を地域に取り込んでいる点である。

自己準拠的な正義による公共性の組み替え

本章では、「剝き出しの生」にあらがう人びとが立ち上げる公共空間の構築過程を、自己準拠的な正義に即して明らかにしてきた。国有地に対する人びとの働きかけは、構造的差別のなかで生活を成り立たせるために必要な行為であった。このような人びとの働きかけは、「不法」ということを十分認識したうえで、自分たちのおかれている差別的境遇を内面化し、また表象することによって自分たちが納得し、他者を説得するための〝規範化された正義〟を形成して、それが実効性を発揮することになる。

人びとはただ存在するのではなく、そこで生活を営んでおり、ライフラインなど生活の物質的基盤も必要になってくるが、不法という壁に阻まれて生活保障を受けられないままでいた。このような法の「硬直性」に対して、生活実践に根ざした人びとの自己準拠的な正義を拠りどころとして、公共空間の文脈依存的な権力関係のなかで法の再解釈が行われ、生活環境の整備がなされる(13)。

ここでの公共空間とは、地方自治体との社会的関係性のなかで、人びとに規範化された「正義」が認知された社会的空間である。これを「地域に埋め込まれた正義」と呼ぼう。

それゆえ、このような在日韓国・朝鮮人の文化的ユニットである中村地区において、国が「地域に埋め込まれた正義」を一方的に無視して、公共性を維持していくことはできなくなる。むしろ、正義による公共性の組み替えによってはじめて、大規模公共施設における理念としての「公共性」は、社会的弱者の生活権を保障したうえで空港機能を確保していく互酬システムとして結実したことになる。

議論の水準は異なるが、花田達朗は、公共圏という社会的空間を社会的諸関係の実践の帰結であるととらえる（花田 1999）。本章もまた、二重の公共空間が社会的な関係性のなかで構築される過程を抽出した。ただし、それは公権力に対峙するかたちではなく(14)、何よりも人びとの生活を最低限安定化させるという一定範囲の規範のもとで成り立つものである。したがって、あらゆる主体から承認されるような規範的妥当性を備えるものではない。もとより、「地域に埋め込まれた正義」によって構築された公共空間は、法や制度の対象外におかれている当事者たち（とりわけ少数者）の「声」を、限定的ながらすくいとる社会的空間である。移転補償の決定以前において、住民と地方自治体とのコミュニケーション空間を可能にする正義が地域に埋め込まれていたのである。

日常的な生活実践の集積過程

密造酒製造、もぐりの歯医者、賭博行為に始まり、狩猟の作業所、リサイクル業、あるいは飲食業など、これらの中村地区の生業活動はいずれも国有地上で私的な目的で利益を上げる点において、厳密な意味では「違法」であり、一般的・正統的ないわゆる職業分類とは異なる「異端」の職業である。しかし、私たちが見ることのできる中村地区は、本省の幹部も視察したように、明らかに彼女ら彼ら住民による再統治（領域支配）と利用、およびそれぞれの実践的コミュニティへの参加によって生成された、日常実践の集積過程である。

社会的剝奪を生み出している条件が、いわば、新たに何かを産み出す資源そのものになっているのである。この日常的な生活実践による集積過程が実定法を逆に規定し、物質的基盤（上水道や道路舗装などのインフラ整備）を実現させ、最終的には構造転換（移転補償制度の適用と代替地の獲得）を招き入れているのである。いま現実に目にすることのできる出来事は、言葉のレトリックではなく、すでに多くの人びとに認められている「社会的事実」である(15)。日常的な生活実践の集積過程は、システムの有無にかかわらず、また人びとの意図とは別に、構造転換に結びつく原動力（パワー）となっている。これが「持たざるものが、ゆくゆくは富めるようになる」というお地蔵さん効果のからくりである。

まとめ

今回、国が中村地区に移転補償制度を適用したのは、人道上の見地からだと説明された。だが「人道上」という根拠は、計画全体を進めるための「ポリティクス」である。国の見解では、この人道的見地という観点（レトリック）から〈不法でない占拠〉と〈不法である占拠〉とを振り分ける。そのことによって、中村地区の移転補償は、まさしく実現可能となる。したがって、ポリティクスに限定して見た場合、今回の移転補償事業の遂行は全面的に正しい。これまで、人道援助という観点からさまざまなプロジェクトが世界各地で組まれてきたことにも通じる。

しかし、事業遂行の根拠としてこれほど曖昧な概念もない。根拠になりえないことを承知のうえで「人道」という言葉は遂行概念として使われてきた。本書ではその言葉をあえて括弧に入れ、禁欲することを通じて、これまでとは異なる概念上の仕掛け（「生きられた法」）を抽出してきた。すなわち、すべての「不法占拠」にこの論理を拡張できるという「社会学的根拠」をあえて措定することによってである。

本章では〈不法でない占拠〉と〈不法である占拠〉とがつねに相互転換されうる可能性を示そうと

試みてきた。日常的な生活実践の集積、歴史的・経済的な財と知識の蓄積、在日の異端と周縁を統合しながら、いかにして「不法占拠」地域の構造転換（制度による移転補償）がはかられるのかを見てきた。それは、日常的な生活実践という社会（学）的基盤が、法律（学）的根拠や経済（学）的基盤を拘束し規定し、公共性を組み替えていく過程に巻き込んでいくものであった。言い方を換えれば、ルール（コード）の読み替えをたんに行っただけではなく、ルール（コード）の読み替えの集積過程によってルール（コード）そのものが彼らの「生きられた法」（社会（学）的根拠）を書き写し、制度が最終的に「私たち」のものに転化（プライバタイズ）していく過程を示しているといえるだろう。

注

（1）「わし、アホやけど（北朝鮮へ）寄付はようするわ。金をよう儲けとるやつは、寄付はたくさんしよるわねぇ。金をよう儲けとるやつを、会長とか理事長とかにさすわけ。ほんだら、寄付を出してくれる。一年中寄付、みな手形の寄付。もう、そやから、毎月寄付の手形が重なって。その寄付いうのは、みなどこいく？　学校建てんのも、全部寄付やからね。だから、働けど働けど飯食えない。ほんだけの、差別をされてこういうみじめな生活してきたから、働いて働いたら、みな平等やと、こんなええ素晴らしい国あれへんがね、これでみな賛同したもんや。だから、差別がないと金持ちも貧乏人もないというのが、みな賛同したわけや」（Rさん）。

（2）経済学でいう社会共通資本、つまり電気・水道・ガスなどの社会的なインフラストラクチャーと異なり、ここでいう社会関係資本とは、人間関係など社会的ネットワークとして構築されたソフトな社会的資本をさす。
(3) 荻野昌弘は、住民のもつ「自己準拠的な正義」という概念を用いて、公共性を論じている。彼はそれを「人々が抱く、正当性の根拠が自らの正当性への信仰自体にあるような正義」と定義し、阪神・淡路大震災による「公」と「私」の境界消滅の事例調査から、いかに公共性が達成されるのかを提示している（荻野 1999）。
(4) 岩本由輝は、戦後の飛行場跡地をめぐる非農家と農家の紛争を分析するなかで、私的所有が一見貫徹されている現代においても、本源的土地所有と近代的土地所有の論理が拮抗していることを明らかにした（岩本 1989）。
(5)「共同占有権」は、特定の地域に住む住民が共同である一定の空間に対して具体的に働きかけることで、法的な所有権に対して制限を加え、発言や意志決定ができる権利である（鳥越 1997）。
(6)「たんに紙きれの上の所有権を主張するのではなく、いかに具体的な働きかけを行ったかという点に資源帰属の正当性」が付与される（嘉田 1997：80）。
(7) 群衆が自らの非合法的で暴力的な活動を正当であると見なす意味については、社会史の蓄積がある。歴史上、社会関係・社会構造の媒介者として、下層階級は外的決定力の餌食ではなく、自己の文化的アイデンティティを定義する際、能動的な役割を果たしていた（Desan 1989）。デサンは民衆を動かした合理的で自律的な首尾一貫した動機を示すことで、下層階級の人びとが自らの歴史の形成において重要な役割を果たしていることを例証した。
(8) 公共性に関する議論の多くには、「手続き論」という共通性を見いだすことができる。この手続き論とは、公共性を達成するための関係当事者すべての合意形成と政策決定プロセスへの市民参加の確保等の社会的要件を、「理念的」に明らかにすることにある。

（9）国有地の制約上、中村区自治会が維持管理している。

（10）市町村における警察権の行使、消防や伝染予防等の活動領域が規定されている。伊丹空港用地においては、65（昭和40）年に大阪府・兵庫県と池田・豊中・伊丹の3市長が境界線を確定した。

（11）00（平成12）年の筆者の聞き取りでは、旧運輸省航空局は、「不法占拠が私的生活の場として空港用地に〈定着〉している」と判断していた。

（12）セネットは、「機械的なイメージを打ち破り、大規模な官僚制から葛藤を規制する権力を除去することによって、官僚制が多様性や無秩序を鎮圧するのではなく、むしろそれらをつくり出すように援助する新しい活動様式を発見することができるであろう」と問題提起する（セネット 1975：167）。

（13）宮内泰介は、利用という曖昧な関係は文章化されることが少なく、それゆえ政策からも無視ないし排除されてきたことを踏まえ、利用権の保障を通じて住民自身が「暮らしの保障」のためのオルタナティブを模索できるとする（宮内 1998）。

（14）イデオロギー批判の公共性論を越えて、住民共同の社会関係を媒介に、住民の私的な利害がひとつの意思決定となって地方自治体レベルの行政に対して代表性をもち、それがオルタナティブな公共性を導く可能性を、山崎らは指摘する（山崎 1998：似田貝 1976）。

（15）このような蓄積過程は、カルチュラル・スタディーズがとらえるような、その場限りの「戦略」や「戦術」とは位相を異にするといえよう。

第7章　生きられた法

1　アジールとホモ・サケルの陥穽

「建設の勇者へ」

ただ一元的な法に則り
これら苦難の民を苦渋の底に
沈めることを
君は神聖なる良心に従い
決して許しはしない
君の飾りなき主体と正統なる精神が
畢竟
人間としての神髄をきわめているからだ

この詩は、伊丹市の担当者が中村地区の自治会長宛に送った一文（01年、一部を抜粋）である。今回の「不法占拠」の解決に行政の枠組みを越えて取り組んだ伊丹市の強い姿勢を、この一文に読み取ることができる。法の一元的支配のもとで行政から施策の対象外とされ、艱難辛苦の日々を生き抜かざるをえなかった在日の存在が浮かび上がる。法外世界に放り出された彼女ら彼らの正義から法制度をとらえ直し、法の枠組みを壊すのではなく、むしろ法を最大限多元的方向に活用する創意工夫を、市行政が主体となって推し進める。本章では、これまで見てきた「法外世界」を法に組み込むという、市行政による「法外世界の再配置」をヒントにして、生活実践へのフィードバックを行い、さらに若干の新たな理論的展開を試みたい。

法外世界の常態化

法支配そのものに対する懐疑とともに、法外世界がいまや近代国民国家の間隙で深く拡がっているように思われる。今回の「不法占拠」解決の一連の動きは、なぜ今日、「法外世界」が問題になるのかについて、問いを投げかけるものである。とりわけ、数千万人ともいわれる大規模な難民の出現は、法外世界が例外状態にとどまらないことを示している。徐京植の「半難民」も、在日朝鮮人が、「国境をまたぐ生活圏」を確保し、主権者として本国とのつながりを保ちながら、日本において定住外国人としての諸権利を保障されるべきだという論理を展開したものである。

この主張は、法外世界をたんに法の外側に拡がっている特異な現象として分類し整理するだけでは、理論上のみならず実践上も不充分であることを示している。たとえば大規模難民の発生は、近代国家において頻発してきた現象である。国民国家が法外世界を暗黙の前提にして成立している点において、これは国家論におけるパラダイム転換を意味する。「常態」化した法外世界の展開と可能性を提示することが、以前にもまして重要性を帯びてきているといえるだろう。

本書で取り上げた「不法占拠」の解決は、単なる法解釈という水準を越えて、常態化した法外世界の実相に即して、現行法をどのように最大限活用していけるのかを示している。本章では理論的・実践的関心から、法外世界と法の結節点（ミッシング・リンク）を探る。

法外庇護論

これまでに法外世界の内実や実相に迫ったものとして、２つの理論的立場がある。ひとつは、法外「庇護」論である。これは、世俗の法の適用を受けない聖なる領域（「避難所」）を指す。この観点には網野善彦による「アジール」論がある。彼は、日本中世の史実を繙くなかで、寺院や森、家や屋敷などに逃げ込めば、世俗の権力や抑圧が及ばず生命や身の安全が保障されるという聖域（アジール）の所在を明らかにする（網野 1996）。また、ドイツ中世史の阿部謹也は、教会の戸を破って侵入したり、墓地の垣根を越えることは何の障害もなくできるにもかかわらず、アジールが保護所としての機能を果たしたのは、民衆のあいだにアジールを畏敬する感情の絆が結ばれていたからに違いないと指摘している（阿部謹也 1978：39）。法外にあるアジールは、世俗の主従関係や私的奴隷関係のもとで生きる有縁の人びととは異なり、諸国を遍歴する「無縁」の人びとが拠り所にする「公界」であり、彼らは異なる秩序原理に従っていたと網野は推測する。網野のアジール論は、たんに他者と出会う

「聖域」にとどまらず、中世において文化的・経済的発展の原動力となる、活力ある〈場所〉という重要な役割をアジールに見いだしている。

ただし、近代化の進展の段階で、アジール的空間は次第に失われていき、子どもたちの「遊び」のなかに痕跡を残すのみであるとして、現代のアジールの比較分析には着手しなかった。地理的辺境としてのアジールは、社会的辺境すなわち下層社会と重なる。本書で取り上げた「不法占拠」地域だけでなく、彼が生きていた同時代においても少なからず存在していたはずである。それにもかかわらず、下層社会がアジールの研究対象となることは少なくとも網野にはなかった。

推察するに、現代におけるアジールの検証によって、アジールのもつ魅力や「自主自立観」が殺がれることに対する危惧があったのではないだろうか。赤坂は、網野のアジール論には、共同体の内なる秩序原理としての〈有主・有縁・所有〉に対して、共同体の外部を支える〈無主・無縁・無所有〉の原理が対置され、貧しく寄るべなき〈無縁〉が、逆転した、裏返された「自由」へと反転される根底には、網野の特異な歴史哲学が潜んでいるとする（赤坂 1987：334-5）。中世アジールにおけるこうした抑圧感のない「自由な主体」という肯定的見方に対して、法外について別の見方から批判がある。それがもうひとつの見方、法外「迫害」論である。

法外迫害論

法外「庇護」論が、近代社会においては法整備の進捗によってアジール的聖域空間は消滅したとする一方、法外「迫害」論は、まったく逆に、近代の法整備による囲い込みとともに、アジール的聖域空間が否定的なかたちで現れたと説く。ネーションの基礎をなしていた民族―領土―国家の旧来の三位一体から締め出された人びとは、すべて故国をもたぬ無国籍のまま放り出され、国籍によって保障されていた諸権利も剝奪される（アーレント 1972）。そうした法外世界は、正常な世界において「例外状態」と見なされる。

法の外におかれた人びとの空間が、前者の法外庇護論では「避難所」、後者の法外迫害論では「収容所」として形容され、劣悪な環境を放置することがむしろ当たり前のこととして、積極的に看過される。そして法外迫害論の特徴は、法外世界の空間が、法の空間と区別できなくなることにある。

「法的―政治的な共同体の秩序の欄外＝余白に位置していた〈剝き出しの生〉の空間がしだいに政治の空間そのものと一致するようになり、排除と包含、外部と内部、ビオスとゾーエー、法権利と事実のあいだの区別が定かでなくなって、いかんともしようのない不分明地帯に突入するにいたったという事実――この事実こそが近代における政治のきわだった特徴をなしている」（上村 2001：238-9）。

広く知られているように、生―政治についてフーコーは従来の法制度モデル型の権力を否定的にとらえ、自己規律型の権力モデルを描いた。それに対して、アガンベンは、生―政治には法制度がねじれたかたちで介在し権力と分かちがたく結びつくことを明らかにしようとする。これが「ホモ・サケル」である。ホモ・サケルは、剝き出しの生を生きている聖なる人間でありながら、法秩序の外におかれるがゆえに法が適用されない、いわば法から宙吊りにされた存在でもある。そのとき法による保護対象外になることで、支配者に生殺与奪の権利が握られる事態が発生する。まとめると、法外世界は生―政治と権力（暴力）がもっとも結びつきやすく、そしてそのことが正当化されやすい空間であるといってもよいだろう。

たしかに、「不法占拠」において頻発する、強制排除による暴力的な実力行使は、法外世界における支配者側の権力がもっとも顕現する「場所」である。事実、彼らの生活の生命線を奪われるという意味で、支配者側に生殺与奪の権利が委ねられていることは十分実感するに足るものである。また、国籍、土地、環境において法の外におかれた人間の生のあり方は、絶対的な社会的剥奪という点でさながら収容所のように形容されうるだろう。

ただし、ホモ・サケル的法外「迫害」論はたしかに事実の半分をとらえているが、もう半分の可能性を閉ざしている。つまり、法外「迫害」論は法外世界の諸前提であって、その帰結ではないことを「不法占拠」地域の解決事例は教えてくれるのではないだろうか。そこには、アジールにおける法外「庇護」論とホモ・サケルにおける法外「迫害」論との隠された交差において、法制度上の権利を発生させる「場所」の設定が実際上可能だということを示している。

自生的なコミュニティである中村地区が法外世界という例外状態のもとで無から有へ発展したことをポジティブな意味にとらえる。そして、法秩序による構造的支配という見方と、法の抵抗的構築という見方を、どちらか一方ではなく、ともに重要ととらえてその両者を超克する試みとして、「不法占拠」地域の移転補償制度を位置づける。今回の移転補償政策は、いわば、法外世界の不確定な要素に秩序を与え、それを法制度に埋め戻すことで社会秩序の再編成を促したといえよう。そして、このような場所で作用する法制度とは、法そのものの整合性をはかることに主眼をおくというよりも、むしろ権利を剝奪された者に正統性（レジティマシー）を与えるためのバックアップ機能の役割を担うことになる。

2　生きられた法——国民国家におけるミッシング・リンク

法外生成論

本書全体を貫いているのは、これまでの法外「庇護」論と法外「迫害」論をつなぎつつ、それを超えたところにある「生きられた法」への注目である。これを法外生成論と呼ぼう。それはいったいどのようなものだろうか。いま一度、これまで本書で追求してきた「生きられた法」を整理するために、ここでエピソードを紹介しよう。

中村のある在日の女性からの聞き取りであるが、その女性は「10票の投票権を持っている」そうである。もちろん、法律的にいえばこのようなことはありえない。ましてや国籍が韓国である彼女は「非日本国民」であるがゆえに、1票さえもいまだ保持していない。では、選挙権（参政権）のない彼女がなぜ10票もの票を投じることが可能になったのだろうか。目を白黒させていた私たちに向かって、その女性は「10票入れるなんてたやすい」と言い切る。その理由は、彼女が化粧品の訪問販売員を長年務めるなかで、顧客とのあいだに信頼関係を築いていることに関係している。つまり、自分が好いている候補者を無理やり勧めるのではなく、「もしほかに入れる人（候補者）がいなかったら、この人（自分が推薦する候補者）にでも入れて」と遠回しに頼むのである。すると、選挙が終わった後顧客たちはすぐに「お母さん、紹介してくれた人に入れたら通った（当確した）で」と自慢げに喜んでくれるそうである。このことから先の彼女の発言を解釈すると、ひとりの韓国籍女性が日本において「10票の投票権を持っている」ということは、けっしてこじつけでもないし、虚偽意識や屁理屈でもない。彼女は間違いなく10票持っているのである。

ここには、法律的にはありえない「真実」がリアルに語られている。すなわち、生きることが法（＝掟）となって作動している、または法（掟）が生き方として実践される、このことが相即不離な関係性として立ち現れる。もちろん、このように語るのは「自分は参政権を保持していない」という無念の思いに裏打ちされていることは言うまでもない。

これは、外圧を受けながら法外世界で生成される、何重にも複数化されたアイデンティティの表象であると言い換えることができよう。決して、慣習法や慣習的行為が、そのまま生きられた法として正当化されるという単純な議論ではない。「生きられた法」には、土地の所有意識の項でも詳細に分析したように、正義を現出させる主張のなかに、つねに人びとの現実的で制約された選択肢のなかから形成される、自己準拠的な規範としての正義が含まれている。「国民国家」「民族」「土地」「労働」「生活環境」から何重にも締め出されながら、人びとが自らの規範に従って実践することによって生成されていく、相対的に自律した独自の社会的制度体（秩序）が、「生きられた法」である。

法外生成論は、国家による法一元統治主義とも、法社会学的な法構築論とも異なる。法構築論は、法がその成員によって交渉されたり、修正されたりする構築過程に注目し、法一元統治主義に対するアンチテーゼとして展開されたパラダイムである。それに対して、法外生成論は「結果」として法の一元統治を乗り越える日常の生活実践に注目する。なぜなら本書で見たように、中村地区における日常の生活実践や、業界という実践的コミュニティにあくまで準拠して「生きられた法」は生成されてきたのであり、それが実定法そのものを裏切ることになるからである。法を裏切ることを目的として日常の生活実践が成り立っているのではない。閉じられた周縁に位置取ることで、実践的コミュニティは外部の世界に向かって開かれ、周縁の人びとを巻き込んでグローバルな資本主義的世界システムは作動しているのである。「生きられた法」は、法律としてのルールではなく、生き方としての技法である。生活の知恵のなかでつねに生き方の技法が身体に発露し、持続し、集積していくのである。これは、法構築論の「抵抗」のあり方とも一線を画す。

「剝き出しの生」の裏返しとしての「生きられた法」は、たしかに法制度上は存在しない。したがって「不法」なのである。しかし、法制度に存在しないということと、法制度と適合しないということはけっして同じではない。第4章で見てきた国の移転補償制度によって「不法占拠」の合法／不法の組み替えがなされたことは、私たちが現行法のもとで「生きられた法」を「限定的」にすくいあげることが可能であることを証明している。ここで「限定的」というのは、生きられた法が、法制度のサブシステムとして機能しているのではないということである。

文化的多様性が形を変えた「国民国家」の再統合であるという議論がしばしばなされるが、これを「中村問題」に援用して、今回の移転補償を単なる国民国家統合の亜種としてとらえるべきであろうか。そうではなかろう。コストは高くつくが、住民に移転してもらうことで空港の運用度が高まるかというと、現行（「不法占拠」）のままでも、空港は充二分にその機能を果たしている。あるいはほかの大きな利害が絡んでいるということも、管見の限りでは確認できない。この点がまさに中村地区の住民自身も訝しく思うゆえんである。国を主体とする今回の移転補償政策は、国側にとって「不法占拠」が解消されるという、消極的な意味しかもたない。したがって、ここではより大きな位置づけが必要となる。

国民国家におけるミッシング・リンク

本書で得た知見をもとに、いま一度「大きな」歴史として、「不法占拠」地域を位置づけ直してみよう。

植民地主義あるいは帝国主義は、自国の「領土拡大」に伴って他民族を包含し同化する国家政策を推し進めた。他方、現在私たちがおかれているポスト・コロニアル状況は、大きく位置づければ、同じ「ナショナル・アイデンティティ」のもと、民族的同質性を強く志向していく国家のあり方である。しかし、いずれの状況も次の点で同じことを指していると見ることができる。

20世紀前半の帝国主義においても、後半のポスト・コロニアリズムにおいても、「国民国家」という基盤自体は揺るぎなく、微動だにしていない。いわば、ポスト・コロニアリズムとは、いまだ逃れられない「内なる帝国」として、国民国家の原理が冷徹に貫徹している状況なのである。そのなかにあって今回の移転補償は、次のことを明瞭に指し示している。すなわち、ポスト・コロニアルな状況下で「日本国」から徹底的に排除され、法の例外状態におかれて「剝き出しの生」（半難民）を背負わされた人びとがいる。今回の移転補償政策は国家法にもとづき、在住外国人によりよい生活環境を提供することで、外国人「定住化」への布石となった。しかしこのような方向性は、人びとの「生きられた法」を母胎にして、それが正義として現出していくという社会的事実から生まれたのである。アガンベンが近代の隘路であるとともに帰結であるとした「剝き出しの生」は、人びとが「生きられた法」を実践する構造的な前提条件であることを示している。

以上のことは、「国民国家」という主題を再考する際にきわめて示唆に富む含意をもつ。なぜなら、「生きられた法」は、「国民国家」をめぐってこれまで語られることもなかった日常の生活実践、生活環境、コミュニティを、国民国家における法制度に結びつける「ミッシング・リンク」を顕在化させるからである。

なぜ国民国家は法外に放り出された人びとを、生活保障の対象にできないのだろうか。たとえば、震災をはじめとする被災者支援制度はできたが、なぜ国家による生活再建（住宅再建支援など）は不充分なままなのか。あるいはホームレスに対して、一時入所や就労などの自立支援はあるが、国家による住宅支援プランはなぜ出せないのか。長年住みつづけているにもかかわらず、在日にはなぜ参政権がないのか。

これらに共通する問題は、国民国家においてこれまで基本的に「国民」の主体像として「住民」が想定されてこなかった点にある。住民概念を想定しえなかったといってもよい。住民基本台帳ネットワーク・システムなどにおいて「住民」概念は存在するが、これはあくまで国家管理のための技法であり、国家が住民やコミュニティについて例外状態を容認するという発想はない。仮に国籍や不法かどうかに関係なく、国がもっと早く容認していれば、在日の人びとが公営住宅に入居可能となり、

「不法占拠」地域が生まれることもなかった。結果として、「国民国家」の周縁には、「国民」という概念からこぼれ落ちた、長期被災者・ホームレス・不法占拠者などの〝群れ〟が数多く生み出される。

一方で、今回の移転補償は、法外世界の「生活権（私権）の保障」が国家によってなされるという点において、国民国家における私的な行為と法制度をつなぐ「ミッシング・リンク」を間接的ながら開示している。法外世界における日常の生活実践と法制度をつなぐ見えない結びつきを浮かび上がらせたのである。

まとめ

「生きられた法」を正義として現出させるためには、法をただ回避したり、拒絶したり、壊したりするのではなく、人びとの自律性を確保したまま、制度との新たな関係性の回路（ミッシング・リンク）を開くことが必要である。同時に、「生きられた法」はけっして制度には回収しきれないという正義のパラドックスについても、ここで指摘しておかなければならない。本書は、法外世界へ放り出された人びとの不作為な日常の生活実践、「正統性」を主張しない彼ら彼女らの「生きられた法」にこそ、法の正統性の「源泉」が隠されていることを解明する作業でもあった。

法外生成論のアプローチは、国家が敵と見なした他者を軍事力で排除するような20世紀末の正義に代わって、例外状態におかれた社会的弱者の存在を肯定・容認する「寛容な正義」を追求することによって、国家政策や現代社会論に対しても、理論的・普遍的貢献をなしうるのではないだろうか。本書はそのための第一弾と位置づけるものである。

おわりに

本書で正義という言葉を使うことを、いくども躊躇した。圧倒的な軍事力によって他者を排除することが、まさに（神の）「正義」（ジャスティス）の名の下にまかりとおる事態を目の当たりにした。この正義という語にどうしても付きまとう「暴力」イメージを憂慮するからである。しかし他方で、正義は遂行性のある言葉だからこそ、それを批判するのではなく注意深くその権力性を見定めながら、いかにして巨大で無慈悲な国家権力をコントロールしていくのか、という緊急の課題に対して、排除の正義とは異なる視角から応えることができるのではないかと考えた。

中村地区はたんに既存の理論を当てはめるための一事例としてあるのではない。ある個別性こそが普遍性をもちうるという発想がここでは必要となる。現場から論理をすくいとってみると、国家権力と向き合いながらも、それをうまく制御している「寛容な正義」と呼べるものが存在する。「寛容」というように、実に曖昧な正義である。だが、正義におけるこのような不確定な要素を簡単に捨象することができないのは、ある「社会的弱者」が権力を上手に操って、最後には国家の制度内で権利保障を作動させるダイナミズムを、この「寛容な正義」が伴っていることを重く見るからである。

したがって、「寛容な正義」は多くの場合、法（例）外におかれた社会的弱者のフリーライダーやエゴイズムを排除するのではなく、むしろ肯定し容認するところから始まる。パラドキシカルな状況にある人びとの不作為で日常的な生活実践にこそ、法の正統性の「源泉」がある、と見ることができる。「正統性」を主張しない寛容な正義は、国家が本来的に招来する暴力性そのものを制御する効果をもつことをわたしは主張したい。

また、個別性こそが普遍性であるという意味について、調査論の立場から「告白」をしておく必要がある。わたしはつねづね人間の存在そのものに真正面からぶつかりたいと思っている。しかし、これは言うは易く、行うは難しである。自分が現場（フィールド）で感じたある実感から出発しようとしているが、そこでは方法論的仕掛けが必要である。調査者と被調査者は、だましだまされる関係であり、そこでは「事実」と「物語」とのあいだに明確な境界を設けないという仕掛けが必要である。語られたことは、事実なのか物語なのかという問いを発生させた時点で、対象（インフォーマント）はするりと調査者の手から抜け落ち遠ざかってしまう。本書ではある理想と現実を混同させて記述するスタイルを意識的にとっている。もちろんこれは独自の方法論ではまったくない。

佐野眞一『旅する巨人――宮本常一と渋沢敬三』（文藝春秋、一九九六年）という書物がある。第28回大宅壮一ノンフィクション賞を受賞した、読み応えある秀逸な作品である。敬三、常一そして、柳田国男との関係に始まって、その周囲の人間模様が手に取るようにわかった。何ゆえに柳田ではなく、宮本なのかと問われれば、「国文学者の益田が柳田と宮本を比較した論考のなかでいっているように、たしかに〝柳田学派〟ほど個別の伝承者に頼りながら、個を消去しようとしたものはなかったし、具体的な土地にすがりつつ、それを日本一般に昇華し普遍するのに急で、個別の地域性をネグレクトする結果に終わったものはなかった」と柳田学派との対比の上で宮本学を評価している。なかでも、宮本が書いた著名な『土佐源氏』論考に対する佐野の解釈は面白い。やや強引に言ってしまえば、語られたことが事実か事実でないかはあまり意味をもたないという。

ここでの展開は次のようなことである。佐野は当地を訪れ、「土佐源氏」の主人公、槌造の孫に会って話を聞くわけであるが、孫の語る祖父槌造と、宮本の書いた土佐源氏とはかなりの食い違いがある。とりわけ重大なのは、槌造は盲目であったが、乞食ではなかったという決定的事実である。孫は言う。「爺さんの話芸は舌を巻くほどうまかった。東京から話を聞きにきたお客さん（宮本）をだますくらいは序の口だった。爺さんは一世一代の乞食話を、腕によりをかけ、虚実をとりまぜながら宮本さんにしたというのが土佐源氏の偽らざる真相でしょう」。

しかし佐野は、土佐源氏の語るウソを簡単に見抜けたはずの宮本が「詩と真実」のうち、なぜ「真実」ではなく、「詩」の方に傾いてしまったのかを考える。ひとつは、土佐源氏を書くにあたって、記憶だけを頼りにした。そのことが、水車小屋の老人が虚実をとりまぜて語る色ざんげを、土佐源氏の哀切こもる一人語りの物語に昇華させた。もうひとつは、「宮本が話者の語る嘘にはじめから気づきながら、乞食という自称も含めてそれを丸ごと信じてあげ、そんな話をした男がいたという事実の方に、むしろ力点をおいたのではないかということである。この考えに立てば、話者の語り口をそのまま忠実に再現した宮本の態度は正しかったことになる」。当時の宮本のおかれていた状況と土佐源氏の心情が重なりあって作品が生み出されたのだと、佐野は解釈する。

こうした宮本の方法論を社会学的位置づけとして再編したのが、本論の記述方法である。すでにお地蔵さん信仰のところで見てきたように、「生きられた法」には真実であるかどうかが定かではない部分が多分に含まれている。しかし、これも生活（弱者）のとるべき生きる知恵として考えれば、彼女ら彼らにとってこの物語や嘘それ自体も「正しい」ものとして昇華される。わたしはこの水準をすくいとりたいと考えた。そのことが成功しているか否かは読者の判断に委ねたいが、彼女ら彼らがうまく嘘や物語に乗せられること自体をひとつの「生きられた法」としてとらえれば、当然わたしはその「嘘」を肯定する立場に立つ。もし語られたものが嘘や物語であるとして科学性の名のもとに排除されてしまうと、「剝き出しの生」の裏返しである「生きられた法」は、論理として破綻することになる。そのような危ない橋を渡ることを覚悟で、わたしは本書に臨んできたつもりである。

さて、本書の執筆にあたって数えきれないほど多くの方々の協力を得た。すべてお名前をあげることはできないが、まずここで深く御礼申し上げたい。

元指導教官である鳥越皓之先生から髙坂健次先生をご紹介いただいたが、髙坂先生はできの悪い院生であるわたしを「一研究者」として、時には優しく、時には厳しく、つねに引き立ててくださった。二の足を踏んでいたわたしにとって、先生が大学の共同研究を立ち上げてくださったことはとりわけ大きい。わたしはこの共同研究によって、格段に自身の研究を深めることができた。あえて厚かましくいえば、研究とは周囲の理解と配慮があってはじめて成就するものだということを強く実感した。

この共同研究をきっかけとして、三浦耕吉郎先生と毎週のように中村地区に出かけ聞き取り調査をすることができた。ときには飲みながら、ときには踊りながら楽しく調査することができたことは、なにものにもかえがたい経験であった。現地で出会った魅力的な方がた(自治会の方がた、飲み屋のおばちゃん、川床テラスのおばあちゃんなど)によって何度も救われたような気がする。

そして第4章でふれた伊丹市前空港室長の宮本孝次氏には、わたしが中村地区について修士論文をまとめていた時期と、宮本氏が中村問題の解決のアイデアを練っていた時期がたまたま重なって以来、本当に多くのことを教えていただき、お世話になった。紳士的で飾らない物腰からは想像しにくい、型破りな行政マンの手法には氏が昔ガキ大将だったことを思わせるものがあり、その画期的なアイデアにはいつも驚嘆した。

論文を書くにあたって、いつも賢明さよりも少々論理が破綻していても面白さを要求し、直感的に指摘くださる荻野昌弘先生には、研究を進めるうえで大いに勇気づけられた。そして、古川彰先生は院生仲間で論文を読み合い議論を活発にすることが可能な空間を、ご自身の研究室にもかかわらず提供してくださり、公私にわたって研究およびその環境を全面的に支援していただいた。いま振りかえってみて、多くの方がたに支えられてきたという思いで感無量である。あらためて感謝の意を表したい。

また、新曜社の小田亜佐子さんには、刊行にむけて細やかな助言をいただき、出版への道を拓いていただきました。

本書は関西学院大学大学院（主査・高坂健次教授）に提出した学位論文「生きられた法―日本最大の不法占拠地域と法制度とのミッシング・リンク」がもとになっている（二〇〇五年、社会学博士）。また、本書の各章は、それぞれ大幅に書き換え、組み替えてはいるが、以下の論文を下敷きにしている。論文の初出は次の通りである。

第3章
金菱　清 2006「「不法占拠」の系譜学―「不法」の脱構築」三浦耕吉郎編『構造的差別のソシオグラフィ――社会を書く／差別を解く』世界思想社：136-64.

第4章
金菱　清 2006「環境正義と公共性―「不法占拠」地域におけるマイノリティ権利の制度化」宮内泰介編『コモンズをささえるしくみ――レジティマシーの環境社会学』新曜社：197-221.

第5章、第7章1節
金菱　清 2005「法制度の裏側にある「場所」と社会調査」先端社会研究編集委員会『先端社会研究』関西学院大学出版会、3号：35-60.

第6章5節
金菱　清　2001「大規模公共施設における公共性と環境正義―空港不法占拠地区をめぐって」『社会学評論』52-3：413-29.

なお、論文執筆にあたり、関西学院大学大学院社会学研究科21世紀COEプログラム「『人類の幸福に資する社会調査』の研究」（拠点リーダー：高坂健次教授）の個人研究（2003-04年度）、および指定研究「構造的差別を生きる人びとの価値観の多様性に関する研究」（リーダー：三浦耕吉郎教授）の助成（2005-07年度）をいただいた。また関西学院大学共同研究「伊丹の『不法占拠』地区の研究」（高坂健次代表：2002-03年度）の研究協力者として加えていただき、大いに研究を進めることが可能となった。出版にあたっては、関西学院大学大学院同プログラムの2007年度出版助成金をいただいた。ここに謝意を記したい。

参考文献

阿部謹也 1978「アジールの思想」『世界』387：36-9.
阿部潔 1998『公共圏とコミュニケーション――批判的研究の新たな地平』ミネルヴァ書房
G・アガンベン 2000 高桑和巳訳『人権の彼方に――政治哲学ノート』以文社
G・アガンベン 2003 高桑和巳訳『ホモ・サケル――主権権力と剥き出しの生』以文社
G・アガンベン 2007 上村忠男・中村勝己訳『例外状態』未來社
赤坂憲雄 1987「無縁という〈背理の時間〉」『文藝』26：3.
網野善彦 1996『増補　無縁・公界・楽――日本中世の自由と平和』平凡社ライブラリー
Arendt, H. 1968 *Between Past and Future : Eight Exercises in Political Thought*. New York : Penguin Books. = H・アーレント 1994 引田隆也・齋藤純一訳『過去と未来の間――政治思想への8試論』みすず書房
Arendt, H. 1968 *Antisemitism, Imperialism, Totalitarianism*. New York : Harcourt, Brace & World. = H・アーレント 1972 大島通義・大島かおり訳『全体主義の起原2　帝国主義』みすず書房

東浩紀 1998『存在論的、郵便的――ジャック・デリダについて』新潮社

馬場靖雄 2000「法のオートポイエーシスと正義」2000年度日本法社会学会大会報告原稿

J・ビエール 2002 空閑厚樹訳「ヴィーター社会的棄民ゾーンにおける生」『現代思想』11：194–211.

Bullard, R. 1990 *Dumping in Dixie: Race, Class, and Environmental Quality*. Boulder: Westview.

Cable, S. and Shriver, T. 1995 "Production and Extrapolation of Meaning in the Environmental Justice Movement". *Sociological Spectrum* 15(4): 419–42.

Derrida, J. 1994 *Force de Loi*. Paris: Editions Galilee. = J・デリダ 1999 堅田研一訳『法の力』法政大学出版局

Desan, S. 1989 "Crowds, community, and ritual in the work of E. P. Thompson and Natalie Davis". Hunt Lynn ed. *The New Cultural History*. California: The Regents of the University of California: 47–71.

Fraser, N. 1997 *Justice Interruptus: Critical Reflections on the "Postsocialist" Condition*. New York: Routledge. = N・フレイザー 2003 仲正昌樹監訳『中断された正義――「ポスト社会主義的」条件をめぐる批判的省察』御茶の水書房

藤本一勇 2003「四つの差延と脱構築の正義」仲正昌樹編『脱構築のポリティクス』御茶の水書房：33–62.

船橋晴俊・長谷川公一・畠中宗一・勝田晴美 1985『新幹線公害――高速文明の社会問題』有斐閣選書

D・ガボール 1973 林雄二郎訳『成熟社会――新しい文明の選択』講談社

Geuss, R. 2001 *Public Goods, Private Goods.* Princeton: Princeton University Press. = R・ゴイス 2004 山岡龍一訳『公と私の系譜学』岩波書店

後藤実 2002「法システム理論とその射程」『社会学評論』53(1):39–53.

Habermas, J. 1992 *Faktizität und Geltung: Beiträge zur Diskurstheorie des Rechts und des demokratischen Rechtsstaats.* Frankfurt am Main: Suhrkamp. = J・ハーバーマス 2002 河上倫逸・耳野健二訳『事実性と妥当性（上）――法と民主的法治国家の討議理論にかんする研究』未來社

J・ハーバーマス 1999 河上倫逸訳『法と正義のディスクルス――ハーバーマス京都講演集』未來社

花田達朗 1999『メディアと公共圏のポリティクス』東京大学出版会

原口弥生 2003『環境正義をめぐる政治過程と地域社会――アメリカ南部を事例として』東京都立大学学位論文

土方透 2000「訳者解説　ポスト・グルンド・ノルム（脱根本概念）」ルーマン『法の社会学的観察』：129–59.

池田寛二 2005「環境社会学における正義論の基本問題―環境正義の四類型」『環境社会学研究』11：5–21.

今村仁司 1992『排除の構造――力の一般経済序説』筑摩書房

稲葉奈々子 2002「新しい貧困層と社会運動」宮島喬・梶田孝道編『国際社会4　マイノリティと社会構造』東京大学出版会：149–75.

岩本由輝 1989『村と土地の社会史――若干の事例による通時的考察』刀水書房

嘉田由紀子 1997「生活実践からつむぎ出される重層的所有観―余呉湖周辺の共有資源の利用と所有」『環境社会学研究』2：72-85.
姜在彦 2002「『在日』百年の歴史」『環』11：152-64.
姜尚中 2004『在日』講談社
金菱清 2001「受苦圏の潜在化に伴う受苦と空港問題の視座―受益圏・受苦圏モデルを使って」『関西学院大学社会学部紀要』89：195-202.
金泰泳 1999『アイデンティティ・ポリティクスを超えて――在日朝鮮人のエスニシティ』世界思想社
Luhman, N. 1986 *Die Soziologische Beobachtung des Rechts*. Frankfurt：Nomos.＝N・ルーマン 2000 土方透訳『法の社会学的観察』ミネルヴァ書房
牧野厚史 1992「貧民にみる環境衛生政策の変容」『関西学院大学社会学部紀要』66：67-79.
三浦耕吉郎編 2006『構造的差別のソシオグラフィ――社会を書く／差別を解く』世界思想社
宮内泰介 1998「発展途上国と環境問題」舩橋晴俊・飯島伸子編『講座社会学12 環境』東京大学出版会：163-90.
宮内泰介編 2006『コモンズをささえるしくみ――レジティマシーの環境社会学』新曜社
仲正昌樹 2001『〈法〉と〈法外なもの〉――ベンヤミン、アーレント、デリダをつなぐポスト・モダンの正義論へ』御茶の水書房
中村吉治 1947「耕す人の土地」『社会史論考』刀水書房
中野敏男 1993『近代法システムと批判――ウェーバーからルーマンを超えて』弘文堂

中野敏男 1997「法のシステムと『主体』の責任」『法の理論16』成文堂：102-24.
西澤晃彦 2000「階級・階層生成のダイナミクス」町村敬志・西澤晃彦『都市の社会学――社会がかたちをあらわすとき』有斐閣アルマ：115-46.
似田貝香門 1976「住民運動の理論的課題と展望」松原治郎・似田貝香門編『住民運動の論理』学陽書房：331-96.
荻野昌弘 1999「地方自治体の対応と住民」岩崎信彦ほか編『阪神・淡路大震災の社会第2巻　避難生活の社会学』昭和堂：326-44.
岡野八代 2002『法の政治学――法と正義とフェミニズム』青土社
酒井隆史 2001『自由論――現在性の系譜学』青土社
Scott, J. C. 1976 *The Moral Economy of the Peasant: Rebellion and Subsistence in South Asia*. New York: Yale University Press.＝J・スコット 1999 高橋彰訳『モーラル・エコノミー――東南アジアの農民叛乱と生存維持』勁草書房
Sennett, R. 1970 *The Uses of Disorder: Personal Identity and City Life*. New York: Alfred A. Knopf.＝R・セネット 1975 今田高俊訳『無秩序の活用――都市コミュニティの理論』中央公論社
徐京植 2002『半難民の位置から――戦後責任論争と在日朝鮮人』影書房
高橋哲哉 2003『デリダ――脱構築』講談社
鳥越皓之 1997『環境社会学の理論と実践――生活環境主義の立場から』有斐閣
上村忠男 2001 解説「証言について―アウシュヴィッツの『回教徒』からの問いかけ」G・アガンベン

上村忠男・廣石正和訳『アウシュヴィッツの残りもの――アルシーヴと証人』月曜社：233-53.
梅木達郎 2002『脱構築と公共性』松籟社
Willis, P. *Learning to Labour*. Farnborough, Hants：Saxon House.＝P・ウィリス 1996 熊沢誠・山田潤訳『ハマータウンの野郎ども』ちくま学芸文庫
八木晃介 2000『「排除と包摂」の社会学的研究――差別問題における自我・アイデンティティ』批評社
山北輝裕 2006「野宿生活における仲間というコミュニケーション」『社会学評論』57(3)：582-99.
山崎仁朗 1998「地域コミュニティと公共性」中田実・板倉達文・黒田由彦編『地域共同管理の現在』東信堂：67-79.

参考資料

『伊丹の空』1994 大阪国際空港騒音公害伊丹調停団連絡協議会
『伊丹市史』1-7 1968-73 伊丹市史編纂専門委員会
『兵庫と朝鮮人』1985 在日本朝鮮人科学者協会兵庫支部兵庫朝鮮関係研究会編
『Q＆A 在日韓国・朝鮮人問題の基礎知識』2003 第2版 仲尾宏
人種的公正委員会『有害廃棄物と人種』1987 連合キリスト教会人種的公正委員会

た行

な行

は行

ま行

や行

ら行

事項索引

人名索引

著者紹介

金菱　清（かねびし　きよし）

関西学院大学大学院社会学研究科博士後期課程単位取得退学

現在東北学院大学教養学部准教授，社会学博士

論文

2006「「不法占拠」の系譜学―「不法」の脱構築」三浦耕吉郎編『構造的差別のソシオグラフィ――社会を書く／差別を解く』世界思想社：136-64.

2006「環境正義と公共性―「不法占拠」地域におけるマイノリティ権利の制度化」宮内泰介編『コモンズをささえるしくみ――レジティマシーの環境社会学』新曜社：197-221.

2005「法制度の裏側にある『場所』と社会調査」先端社会研究編集委員会『先端社会研究』関西学院大学出版会，３号：35-60.

2001「大規模公共施設における公共性と環境正義―空港不法占拠地区をめぐって」『社会学評論』52-3：413-29.

新曜社

生きられた法の社会学

伊丹空港「不法占拠」はなぜ補償されたのか

初版第１刷発行　2008年３月25日©

著　者　金菱　清

発行者　塩浦　暲

発行所　株式会社　新曜社

〒101-0051　東京都千代田区神田神保町 2-10

電話(03)3264-4973㈹・Fax(03)3239-2958

E-mail：info@shin-yo-sha.co.jp

URL：http://www.shin-yo-sha.co.jp/

印刷　星野精版印刷

製本　イマヰ製本所

ISBN978-4-7885-1087-6 C3036

環境社会学の関連書

里川の可能性
利水・治水・守水を共有する
鳥越皓之・嘉田由紀子・陣内秀信・沖 大幹 編
四六判280頁 本体2200円

コモンズをささえるしくみ
レジティマシーの環境社会学
宮内泰介 編
四六判272頁 本体2600円

環境ボランティア・NPOの社会学
シリーズ環境社会学1
鳥越皓之 編
四六判224頁 本体2000円

コモンズの社会学
シリーズ環境社会学2
森・川・海の資源共同管理を考える
井上 真・宮内泰介 編
四六判264頁 本体2400円

歴史的環境の社会学
シリーズ環境社会学3
片桐新自 編
四六判272頁 本体2400円

観光と環境の社会学
シリーズ環境社会学4
古川 彰・松田素二 編
四六判312頁 本体2500円

食・農・からだの社会学
シリーズ環境社会学5
桝潟俊子・松村和則 編
四六判288頁 本体2400円

差別と環境問題の社会学
シリーズ環境社会学6
桜井 厚・好井裕明 編
四六判232頁 本体2200円

有機農業運動と〈提携〉のネットワーク
桝潟俊子 著
A5判328頁 本体4800円

新曜社　表示価格は税抜きです